Maria Caterina Mammola

Parole e simboli di memorie

Piccolo dizionario – Riflessioni

VoG Verlag ohne Geld e.K.

n.35

ISBN 978-3-943810-37-0

Registergericht München HRA 99261
www.verlagohnegeld.de
Impaginazione: Heinz Weih
In copertina: *La nonna*, 1925

Maria Caterina Mammola, nata a Mammola, risiede a Siderno. Ha insegnato Lettere in varie scuole della Calabria, Italiano e Storia in un Istituto Superiore, Psicologia in una Scuola per Assistenti Sociali, svolgendo pure diversi incarichi istituzionali e culturali. È socia della Deputazione di Storia Patria per la Calabria e di varie altre Associazioni culturali.

Riconoscimenti

2020 Premio *S. Domenichino* per *Due donne del Sud*

2019 Terzo Premio *Donne tra Ricordi e Futuro* 2018-2019

2018 Premio *Giuseppe Calogero* per la Cultura e per la Calabria.

2014 Premio *Civiltà e Lavoro*, Siderno.

2010 Premio *Palermo-De Cia*, Grotteria, per Viaggio nel Dialetto.

2007 Premio per *Leadership Fidapa Distretto Sud Ovest*, Paestum.

1986 Diploma di Merito per la Psicologia per *Aspetti e problemi dell'età evolutiva*, Premio Internazionale di Poesia, Rivachiara, Sellia Marina.

1981 Gran Diploma d'onore al *Premio Nazionale di Poesia Calabria.*

1980 Secondo Premio *Europa* per *Ombre dei Pensieri*, Catanzaro.

Prefazione

Nell'estate del 2020, in seguito alla premiazione del libro scritto a quattro mani con Caterina Mammola, "*Due donne del Sud*", al San Domenichino, di Massa, proseguendo lungo la litoranea della Riviera di Ponente, mi trovai inaspettatamente a Forte dei Marmi. L'incontro con questa cittadina, ma soprattutto col significato che, alla fine della Seconda Guerra Mondiale ha avuto non solo per l'Italia ma ancor più per un'adolescente di provincia come ero allora, mi travolse al punto da voler subito scrivere le mie impressioni. Nacque così il mio primo testo del futuro Dizionario Femminile che doveva occuparmi poi per gli anni seguenti.

Dato il successo della prima collaborazione con Caterina, man mano che proseguivo nella stesura delle varie voci, mi accorsi che mi mancavano importanti appigli, anche di carattere storico, per cui la pregai di partecipare a questo nuovo progetto, cosa che fece con la professionalità e l'impegno che le sono proprie. Alla stesura finale di questo lavoro e rileggendo tutte le voci insieme per chiari motivi redazionali, mi sono accorta di avere in mano un prezioso documento, anch'esso nuovo e inconsueto, una sorta di autobiografia scritta in ordine alfabetico e per lemmi ognuno separato dall'altro. Dopo profonda riflessione ho chiesto a Caterina se non fosse più opportuno valorizzare il suo lavoro estraendolo dal mio vecchio progetto di un Dizionario Femminile del tutto diverso e con fini diversi. La sua prima reazione, come del resto mi aspettavo, fu di sorpresa: non si sente così importante al punto da permettersi di scrivere un'autobiografia! E qui vorrei subito aggiungere: I° non è necessario essere importanti per scrivere di se stessa; II° chi se non lei, una studiosa di Storia della sua Regione, stimata e rispettata nel mondo culturale, e aggiungo con l'esperienza umana e professionale che si ritrova, ha le migliori carte in mano per scrivere di sé e del suo tempo?

Il testo di Caterina è infatti lo specchio di una società in via di estinzione, una società che mi piace definire strettamente legata alle tradizioni, alla terra di origine ma anche alla cultura assai restrittiva di tempi per modo di dire passati (così fosse!). Si leggono pagine estremamente espressive che descrivono usi, per la generazione attuale, inimmaginabili; anche sistemi sociali del tutto scomparsi, oltre a una mentalità credo e spero del tutto superata. Importante il suo contributo sulla necessità di una istruzione per le bambine, le giovinette, le donne, ancora 50 anni fa assolutamente inammissibile: non posso dimenticare le resistenze della madre affinché potesse continuare gli studi all'Università; o ancora la necessità di tutta l'autorità paterna per poter proseguire, dopo le classi elementari, nelle classi superiori, visto le critiche negative di tutto il parentado oltre che del suo paese di origine! Quasi studiare per una bambina fosse un oltraggio alle usanze assolutamente patriarcali che imperavano allora, soprattutto nei piccoli centri di provincia. Oggi nessuno sa quante lotte sono state necessarie per raggiungere un diritto, che a prima vista sembra ovvio, e cioè quello di andare a scuola, cosa che al contrario per i maschi non si è mai presentato.

Pur essendo della stessa generazione di Caterina, e originaria del Sud Italia, non conoscevo questi problemi, forse perché nata e cresciuta in una grande città: ho capito così quanta differenza corre fra chi ha la fortuna (?!) di nascere in un luogo piuttosto che in un altro. Confesso di non aver mai riflettuto su questa realtà che in fondo coinvolge tutti, da che mondo è mondo. Ancora voglio aggiungere di aver imparato moltissimo dalla testimonianza di Caterina, donna di cultura ma soprattutto di grande sensibilità e umanità, che stimo e alla quale mi sento legata da un profondo affetto ormai da oltre 11 anni, da quando cioè ebbi la fortuna di conoscerla a Siderno, in occasione della premiazione del mio primo libro, *La scuola delle catacombe*. Caterina mi fu presentata dal presidente del Premio stesso, Aldo De Leo, per aiutarmi a tradurre in dialetto calabrese alcune frasi del mio secondo libro, *Il silenzio*. Il nostro quindi è stato un incontro inizialmente culturale che man mano, nel corso degli anni e degli scambi epistolari (con appunto l'epistolario *Due donne del Sud*) è maturato in amicizia, sentita da ambedue le parti.

Sono convinta che questo libro nato come una collaborazione per un progetto a due, abbia lo stesso successo e semmai qualcosa di più, per le sue qualità letterarie oltre che sociali - secondo me ci sono pagine che andrebbero lette a scuola - e che sia un incentivo per le prossime generazioni di donne a continuare su questa strada, segnata da noi tutte, donne del XX secolo, affinché questo secolo passi nella Storia come il secolo delle donne!

Ada Zapperi Zucker

Indice

Anima e corpo

Non so se il detto „vendere l'anima al diavolo" sia precedente o successivo alla vicenda immaginata da Wolfgang Goethe nel dramma poetico *Faust*, con il cosiddetto patto tra il dottor Faust e Mefistofele: durante gli studi giovanili leggendo qualche passo e la trama, mi colpì molto la figura di Margherita, fanciulla dolce e fiduciosa, vittima innocente allo stesso tempo delle lusinghe d'amore e dei tranelli del diavolo Mefistofele. La verginità perduta, la maternità vissuta in modo tragico, tracciano l'esito di un destino crudele non solo in Margherita, ma anche in tutte le donne fragili, di ogni epoca e ambiente. Tuttavia, nemmeno il dottor Faust riesce a ordire con soddisfazione il proprio desiderio di felicità, di felicità duratura. Il meccanismo del desiderio si è inceppato davanti alle ragioni del ruolo sociale di appartenenza accanto ad altre paure messe in moto dalla coscienza che fa capolino, con prepotenza.

L'anima, la parte più nobile della creatura umana, creduta per millenni da tutti i popoli destinata all'immortalità perché distinta dal corpo anche se in esso contenuta, è stata al centro della religione e della tradizione. L'anima: visione sublime! È guida in tutto il nostro agire, è finalità del nostro benessere. Tutte le emozioni vi trovano ascolto, le speranze vivono nei suoi aneliti più riposti. La bellezza dell'anima esige un corpo bello e il corpo è bello se trasmette all'altro una sensazione di empatia, di piacevolezza. Chi vende la propria anima, che non è separata dal corpo, vende se stesso, o i propri familiari e amici per acquisire denaro e beni materiali in modo illecito. Goethe ha descritto a fondo il personaggio Faust nelle sue insoddisfazioni personali, nel lavoro che non gli dà più gioia, nei tentativi riusciti d'amore e sesso, nei traviamenti di cui lo incolpa alla fine il suo Super-io. Il poeta tedesco scrisse sui tormenti dell'io in epoca romantica, proprio quando l'egocentrismo dominava l'espressione poetica degli scrittori.

Da qualche tempo sento parlare non di vendita dell'*anima*, ma del *corpo*: come se davvero le due parti costituissero due entità. Quasi a dire: all'anima appartiene l'amore, al corpo il sesso. È raccapricciante notare come giovani uomini e giovani donne dispongano del proprio corpo come di una 'merce' per trarne profitto illecitamente, oppure usino i corpi degli altri, attraverso violenze e droghe; già oltre duemila anni fa Virgilio, nell'Eneide, esclamava con amarezza sulla realtà del suo tempo tesa all'esagerata ricerca della ricchezza, della 'sacra fame dell'oro': ... *auri sacra fames*!

Ovviamente non è sempre la ricerca dell'oro, del guadagno in se stesso, che attrae un individuo, ma l'obiettivo di una possibile soddisfazione, una felicità da conseguire, senza valutarne gli aspetti negativi, le delusioni che ne potrebbero scaturire; a volte è anche il bisogno di un 'momento', di una fase sconcertante del proprio vivere. La psiche umana ha meandri intimi che non si finiscono mai di esplorare, che si dilungano all'infinito, purtroppo, e si concludono sulla linea del nostro orizzonte, non oltre.

Noi vediamo fin dove arriva l'orizzonte.

Ma l'orizzonte, in natura ambientale è esterno, mentre quello interno mi fa pensare al mito della caverna di Platone: in quella caverna leggo il nostro 'grembo', dotato di pudore, scevro da ricatti di qualsiasi genere, che obbedisce alla chiave del proprio io.

C'era stato un processo al mio paese natio, quando non vivevo più là, che mi aveva interessato per la sua rarità: così credevo allora, quando la pedofilia era sottaciuta come l'omofobia, se ne poteva parlare solo in modo riservato, perché vergognosa, mentre recentemente le cronache ne riportano episodi sfacciati e pericolosi. Un maestro precario, sposato e con una figlia, allettava bambine non so se a casa sua o a scuola o nel suo ufficio privato (s'interessava di pratiche legali di ex combattenti o di loro familiari), con caramelle. Alcune delle bambine in sede di interrogatorio confermarono di aver accettato le caramelle e le 'attenzioni' del maestro, che venne condannato e non poté più insegnare. Quando l'avevo conosciuto, quattro o cinque anni prima, mi era sembrata una persona gentile, mi aveva anche aiutata nel compilare la mia prima domanda scolastica al Provveditore agli studi; ma io non ero più una bambina, certo. Molti dubbi accompagnarono lo scandalo. In quello stesso periodo, un sacerdote di un altro paese veniva condannato per lo stesso reato. La Costituzione mette in primo piano 'l'inviolabilità della persona': i bambini hanno un valore superiore come persona perché sono in crescita, devono sviluppare la propria personalità e non deformarla. Svetonio nel suo libro sugli imperatori che vennero subito dopo Nerone, riporta un vizio di Galba che voleva vicino a sé qualche adolescente durante i suoi bagni a mare, per aver modo di toccare le parti intime, in apparenza casualmente! Vizi e difetti del genere umano: così cercava di dire Svetonio. Ma anche Dante giudica tale difetto, chiamato sodomia, e colloca Brunetto Latini suo ex maestro nell'Inferno, pur elogiandone la dottrina. È proprio così: violando il corpo, se ne ferisce l'anima! Forse per questo sono stati catalogati di recente come reati, alcuni comportamenti che nel passato venivano giustificati come 'passioni' maschili.

Il sublime nella passione è l'amore, unito al rispetto dell'altro; il traviamento della passione annulla l'altro. Quanti adulti usano l'innocenza di bambini, di efebi ignari, per pulsioni maldestre! Quante giovani vengono violentate, bruciate, colpite con acidi, segregate, plagiate da individui possessivi, fanatici, stupidi! La carenza dell'educazione 'sentimentale' è evidente in molti casi. Accanto ad essa ritengo necessaria la 'prevenzione', come avviene ed è raccomandata dai medici in campo sanitario. Prevenire violenze, abusi sessuali, attenzioni perverse, inganni amorosi, sorprese crudeli e quant'altro, è meglio che curarsi dopo, o addirittura soccombere. Troppo spesso abbiamo sentito 'incolpate' le donne che hanno subito violenza dai propri partner: da vittime a colpevoli! Colpevoli – per i maschi prevaricatori – perché non sottomesse, non schiave mute, o maghe con ricche casseforti.

L'altro giorno mi è arrivato un messaggio sul valore della 'gentilezza' da parte di un ex collega,[1] che ho conosciuto per i suoi molteplici impegni in campo letterario: ama la poesia, come me, anche quella dialettale nella quale siamo stati premiati anni fa in un concorso nazionale; negli incontri culturali si pone come squisito interlocutore con scrittori, commentando con delicatezza e grande sensibilità pagine e idee di libri. Voglio scrivere una sua espressione, avvincente, connotativa: „La gentilezza, come categoria dello spirito, è il modello d'esistenza più puro e virtuoso, in quanto si offre a tutti e non richiede né averi, né saperi, ma soltanto sensibilità e valori, che anche il povero può conseguire."

La gentilezza non è adulazione, però, nemmeno atteggiamento melenso, da persona vanesia, o allettante per motivi reconditi. Gentilezza come dote dell'animo: „Amor e il cor gentil sono una cosa", dice Dante Alighieri nel primo verso di una sua canzone famosa quasi a significare la perfetta corrispondenza dei due sentimenti, amore e gentilezza. Ritorno così al concetto precedente: l'uso della prevenzione. Quante volte adolescenti, giovani, infanti, si lasciano incantare dalle moine di persone più grandi di loro, ma per fini ingannevoli? La presunta gentilezza diviene un mezzo di corruzione, in tal caso. Gli esempi di delusione non mancano, quando poi si scopre il seguito: dalla velata adulazione alla possessione morbosa, ai percorsi di sadismo senza freni, all'atterramento delle povere vittime. Sì vittime e non vit-

[1]Prof. Ugo Mollica.

tima, giacché tante volte accanto alla vittima designata ci sono altre a lei prossime: figli, genitori, amici e amiche.

A volte, anche se raramente, le vittime possono essere i partner maschi maltrattati da donne prepotenti, distruttive, artefici di torture e di assassinio nei confronti verso consanguinei o congiunti, tutto il contrario della donna 'crocerossina', protesa a salvare l'altro, a confortarlo, a redimerlo! Molte le sfaccettature nella psiche composita di una donna, come nel diamante, che può essere ammirato, posseduto, venduto, dimenticato, nascosto, contestato, impreziosito, scalfito, usato, immortalato, ma resta sempre un diamante, il minerale più duro della natura, il più resistente alle forze avverse, e pure alle benefiche.

Arte e vita

Che cosa collocare in primo piano? L'Arte o la Vita? La passione per qualcosa o i bisogni della sopravvivenza?!

Oppure si intersecano a vicenda?!

L'Arte include una varietà di attitudini umane che qualificano una persona per capacità straordinarie, mentre nella vita normale, comune, la stessa persona svolge attività faticose che non gli fanno godere di soddisfazioni appropriate. Tutt'altro. L'artista è spesso sofferente, scontento, distante da tutto e da tutti. Michelangelo stette giorni e mesi disteso supino su tavole per dipingere la volta della Cappella Sistina. Ugo Foscolo si arruolò negli eserciti napoleonici per guadagnarsi il pane che gli consentiva di dedicarsi alla poesia e alla cultura nel tempo libero. Invece Gabriele D'Annunzio optò per se stesso come fatto d'arte: vita come arte! È vero che ogni vita è un unicum, ma ciò solo per significare il valore di ogni singolo individuo, non per renderla speciale, a mio giudizio.

L'Arte è qualcosa di sublime, che trascende dalle comuni attività. Non può essere l'opera 'finita', ma quel qualcosa di eccezionale che l'opera comunica a chi la 'legge', a chi la guarda e l'analizza. La mitologia greca aveva individuato nove tipi di arte, con le Muse, il Comune di Firenze nel Trecento aveva inserito nell'amministrazione gli iscritti a una Arte, cioè a un'attività professionale, e non essere semplicemente ricchi e aristocratici (Dante Alighieri si era iscritto in quella di Medici e Speziali, non di scrittori e poeti, inesistente). Attualmente sono aumentate le qualifiche e il numero di arti, i cui limiti sono incerti, giacché aspetti di originalità, di perfezione vengono individuati nell'artigianato, nella moda, nella tecnica, nell'insegnamento, in una infinità di casi, compresa la... cucina! È il colmo! Si deve gustare non solo il sapore, ma anche l'estetica: in sintesi, l'arte nel piatto!

Sin da piccola mi ero innamorata delle poesie. Non solo le imparavo a memoria, ma le ripetevo spesso, alternandole con canzoni religiose e di musica leggera. Mi affascinava il ritmo, la musicalità, il significato recondito. Forse, se fossi cresciuta in un collegio e con docenti simili a quelli di Giovanni Pascoli e di altri dell'Ottocento, avrei imparato a verseggiare sin da piccola, e non soltanto a memorizzare. Credevo davvero che i personaggi più eccelsi fossero i poeti. Omero, Virgilio, Saffo, Dante, Foscolo, Leopardi, Manzoni, erano divinità per me, più dei filosofi, così pure i grandi scultori, pittori, musicisti, per i quali arte e vita furono un binomio indissolubile.

"Carmina non dant panem", asseriva il poeta latino Orazio. "Povera e nuda vai, filosofia!": Francesco Petrarca si riferiva agli studi, agli scritti, ai frutti del pensiero. E anche Ludovico Ariosto lamenta la fatica non gratificante economicamente della composizione trentennale dell'Orlando Furioso:

"Apollo, tua mercé, tua mercé, santo
collegio de le Muse, io non possiedo
tanto per voi, ch'io possa farmi un manto."

L'Arte è vita, quando fa parte del lavoro di una persona, è custode e meta della vita quando esula dal lavoro intrapreso. La poesia è arte, la scrittura è arte: ma la poesia, cioè il senso intimo della vita, vive in ogni arte, dà voce al sentimento in altre forme espressive, che possono essere colori, suoni, pietre, architetture...

"Vissi d'arte, vissi d'amore ...": canta Tosca nell'opera omonima di Giacomo Puccini, la grande e intensa sua opera lirica. L'arte, infatti, include l'amore: non ci può essere arte se manca quella passione, quel trasporto per fare, creare, costruire qualcosa, che include ogni fibra dell'essere, ogni anelito verso l'opera *in fieri*, l'opera prescelta e in fase operativa.

"Il fine dell'arte è questo: che si possa avere vita, a averne più abbondantemente": pensiero di Ezra Pound che mi ha colpito, quando l'ho letto, molti anni fa[2]. Sapevo del valore catartico dell'arte, del suo influsso nella psiche umana, del suo potere leniente in fasi dolorose della vita, giacché contribuisce a metabolizzare sentimenti negativi e a superarli, ma non pensavo affatto a un ampliamento temporale e spaziale della vita stessa. Quindi due poli nell'articolazione stessa della vita, tra la "povertà" e la "ricchezza", tra una vita semplice, magra, senza slanci, e una vita complessa, densa di eventi e di fervore.

Poeti, artisti: si nasce o si diventa? L'eterno interrogativo che ci perseguita da secoli, mentre le esperienze ci fanno optare ora per l'uno ora per l'altra. A volte appaiono sin dall'infanzia particolari attitudini, tal'altra si manifestano in età adulta, anche in modo fortuito. Se Mozart non avesse avuto un padre musicista e un ambiente favorevole, sarebbe stato un bambino prodigio e poi un eccellente suonatore e compositore?! Può avvenire che i figli superino i genitori nell'arte che praticano, ma anche che i figli non seguano assolutamente, oppure in modo mediocre, l'attività artistica del padre o della madre.

---

[2]EZRA POUND, *Lettere 1907/1958*, Feltrinelli, 1980, p. 30.

Versi di poeti analfabeti, dipinti di artisti senza nome, statue senza firma scoperte nel sottosuolo, miniature preziose in codici medievali di autori sconosciuti, forse di monaci laboriosi in conventi e monasteri sparsi tra monti e colline: quante sorprese ci presenta la storia, grande o locale, sulle genialità espresse dalla nostra civiltà millenaria!

Non basta, non può bastare l'eredità di attitudini del proprio bagaglio genetico, è necessario l'esercizio, l'attività costante tesa all'espressione e al miglioramento dei segni di capacità particolari apparsi. Scoprire se stessi, valutare le proprie capacità potenziali, rischiare, agire, sbagliare o vincere, sono tappe di ogni periodo di formazione personale.

Le doti di saper disegnare, colorare, ritrarre dal vero, si evidenziano dall'età infantile. Ricordo un mio alunno (di cognome Buda), di scuola media, destinato alla bocciatura, perché apprendeva pochissimo in tutte le materie, ma in Educazione Artistica eccelleva, sembrava destinato a fare il pittore. Ho avuto sempre un debole per l'arte e quindi ho perorato la promozione per il ragazzino che aveva una mano magica per il disegno, per creare immagini, e pertanto coltivando l'arte si possono sviluppare le altre facoltà. Quando ero a Mammola, da maestra elementare, mi aveva colpito un quadro: raffigurava un volto in bianco e nero con uno sguardo profondo. Mi dissero che ne era stato autore un ragazzo di quinta elementare, che aveva fatto il ritratto di un Direttore, di un dirigente scolastico della scuola: non so se poi, quel ragazzino divenne pittore. Invece divenne un grande pittore, un artista complesso molto quotato, Nik Spatari, che non poté frequentare a suo tempo nemmeno la scuola elementare perché un po' sordomuto, disabilità che affrontò poi da adulto, superandola in parte.

Invece scoraggiai, forse un altro alunno orgoglioso di sue composizioni che riteneva poesie da pubblicare, giacché gli dissi che doveva studiare di più l'italiano, avere un linguaggio ricco e corretto, scrivere e correggere sempre...

È lungo il cammino della scrittura creativa, non basta l'espressione luminosa, l'input di una immagine, di una metafora, ma una costante dedizione, uno scavo tra sensazioni e parole significanti. La semantica studia questo processo, ma a posteriori, non dà indicazioni come arrivarci; solo l'intuizione che proviene dal profondo e si nutre di esso trova un linguaggio altamente significativo, forme di espressione personali, per le quali i sacrifici da affrontare sono lievi come piume al vento. E le opere d'arte vivono molto più a lungo di chi le ha create.

Barbarie

Non solo Alessandro Manzoni narra nei Promessi Sposi il rapimento di Lucia a scopo libidinoso – tentato e non riuscito – dal feudatario Don Rodrigo, anche il mio ex concittadino Vincenzo Zavaglia, sulla scorta di una tradizione orale paesana, riporta in *Paesi di Calabria*[3] le varie fasi di una vicenda del Settecento legata al cosiddetto 'jus primae noctis'. Non era un 'diritto' ma un abuso: un abuso di prepotenti signorotti locali, lascivi e feudali di temperamento, che approfittavano di fanciulle e giovani spose in modo arbitrario e con la forza delle guardie personali. Nel racconto di Zavaglia, come in Manzoni, il tentativo di rapimento della giovane Concettina fallì, ma il signorotto Don Giovanni fece poi uccidere il marito di lei per vendicarsi; la storia si concluse a Napoli durante i moti dei 1848, con un'altra vendetta da parte del figlio di Concettina nei confronti di Don Giovanni. La vicenda certo è romanzata, tempi e persone in dubbio per coerenza narrativa, ma riflettono modalità e tendenze di una società molto discriminatoria, in cui balza, ben visibile, la

[3]Vincenzo Zavaglia, *Paesi di Calabria,* Frama, Chiaravalle Centrale (CZ), 1972, pag. 81-113.

debolezza di ceti e persone più fragili, senza difese valide, tra cui soprattutto le giovani belle donne, ambite dai potenti. La bellezza, la giovinezza, viste non nel valore estetico e morale, ma come merce da possedere: ciò lo si è potuto notare nelle tantissime vicende spinose raccontate da cronisti di tutte le epoche.

Non si verifica in tali vicende il mito di Cupido che lancia la freccia d'amore all'altro: qui è un Cupido voluttuoso che lancia una freccia avvelenata su donne indifese. E non le 'Donne Indifese' della scrittrice Emily Lowe, non nel significato che ne dà lei – di donne non protette perché volutamente indipendenti e sicure – ma nel significato comune del termine, cioè di donne che, in caso di pericolo, non dispongono di mezzi adeguati per difendersi. Difendersi da chi?! Dagli istinti maschili? Dalle malelingue? Dai sequestri ricattatori? Dai cani molesti, dai serpenti, dagli animali in genere? O anche dai millantatori?

Un ritornello di canzone popolare ci rimanda ai tempi in cui approdavano nelle coste ioniche del mio Sud genti per saccheggiare e/o sequestrare fanciulle e giovani al fine di riscuotere riscatti o di farne schiavi: „All'armi, all'armi! La campana sona: li turchi su' arrivati a la marina!" Restano testimonianze archeologiche di quel tempo nelle numerose torri costiere, alcune sopravvissute a saccheggi e rimaneggiamenti vari, altre ornamento di disegni e quadri o di fotografie. In *La frontiera di pietra* Vincenzo Cataldo traccia la storia del sistema difensivo del Regno di Napoli descrivendo vicende di molte torri calabresi. Nel 1820 esistevano ancora ben 150 torri di varia epoca lungo gli 800 km di costa della Calabria.[4]

Dire turchi è un modo di dire per classificare estranei, stranieri, gente venuta da lontano, come erano i 'barbari' per i Greci e i Romani. E le 'invasioni barbariche' rientrano

---

[4]V. Cataldo, *La frontiera di pietra – Torri, uomini e pirati nella Calabria moderna,* Edizioni Scientifiche Italiane, Napoli/Roma, 2014.

nella nostra comune classificazione storica di tanti popoli che attaccarono l'Impero Romano per secoli, salvo poi a integrarsi con la civiltà romana. Pertanto il concetto di 'barbarie' è insito nel significato di carattere istintivo e offensivo di gente che non si conosce e che usa contro i residenti mezzi di distruzione. Furono definiti barbari anche i Lanzichenecchi germanici e loro alleati cristiani che saccheggiarono Roma nel 1527. Si può obiettare che in tempi di guerra tutto è lecito, giacché accadono i misfatti più efferati, difendersi opportunamente non sempre riesce, ma in tempi normali si dovrebbero utilizzare mezzi adeguati per difendere persone e cose, giacché la barbarie non è solo contro le persone, ma anche contro le opere d'arte, contro l'ambiente.

Perché, quando visitiamo musei, templi, luoghi speciali, non possiamo ammirare da vicino tante meravigliose statue, oggetti di culto, tesori vari, ma guardarli a distanza, custoditi da teche, da vetri infrangibili, da ringhiere?! Individui dalla mente bacata hanno danneggiato tante opere 'uniche' e il timore di altri barbari ostili incombe sempre, per cui si corre ai ripari, con la prevenzione, con 'catene' intorno ai beni preziosi. Chi non ricorda il volto picconato, danneggiato ingiustamente, della Pietà di Michelangelo a Roma, nel Vaticano? Fu un atto criminale di un barbaro di tanti anni fa. E chi non ricorda vetrine rotte, automobili bruciate, spari contro la folla, di individui esagitati durante manifestazioni di protesta, in varie città?! Può sembrare una follia, ma tante volte è una follia organizzata, una follia che ha le sue ragioni personali o falsamente ideologiche.

C'entra forse, in tali soggetti che odiano il mondo da cui sono circondati e da cui si sentono oppressi, il complesso di natura anale, di reiezione, oggetto di studio psicoanalitico da Freud in poi e trattato anche da me in altri tempi? [5] Op-

---

[5]M. Caterina Mammola Lascala, *Aspetti e problemi dell'età evolutiva – Psicologia dell'infanzia e dell'adolescenza,* Frama Sud, Chiaravalle Centrale, 1983. Per le tipologie di complessi, ved. pag.73-94.

pure è un voler affermare la propria superiorità – illusoria – sugli altri, come fece Lucifero secondo la mitologia biblica andando contro Dio? C'è chi crea, c'è chi distrugge, ossia l'eterno alternarsi e convivere della vita e della morte nell'immensità dell'universo.

Alcuni soggetti interrogati sul perché delle loro azioni distruttive, non hanno saputo rispondere sul vero motivo del proprio comportamento antisociale, anzi asociale: hanno agito spinti da un impulso, da una forza esorbitante, incontrollata. I gesti estremi rivelano l'incapacità dell'individuo a moderare istinti primordiali, a cui l'intelligenza menomata da una nube nera nega visioni di futuro: si crede eterno un presente che opprime, che soffoca, come se si percorresse un lungo tunnel senza spiragli di luce.

La barbarie talvolta si veste di lusso, di alberghi a cinque stelle, di viaggi incantati, di feste invidiate, per convogliare appetiti edonistici verso sogni proibiti, carichi di dubbi e finalità nascoste, che possono tramutarsi in tragedie: basta una overdose, bevande alcoliche o stupefacenti tagliati male a scatenare scene di violenza e di sopraffazione. È una barbarie sottile, condotta con guanti di velluto e atti galanti: una forma moderna di usare enormi finanze e blanda retorica per attirare, abbindolare sia prede ambite sia prede d'ogni tipo a fare da cornice, in feste lussuosamente ambigue.

Cambiamenti

„Il mondo cambia", „cambiamo il mondo", „la politica deve cambiare!"

Quante volte abbiamo pronunciato e sentito pronunciare tali proposizioni! Vanno d'accordo col tempo, che è poi una routine di se stesso, un elenco di numeri creati da noi...

Sembra di vivere in una adolescenza perenne, tra speranze e delusioni continue.

Cambiare, nel suo significato più profondo, intuitivo, dà l'idea di una rinascenza, d'inizio di un percorso diversamente soddisfacente, di una scelta, magari immaginifica come quella che avviene tra le adolescenti nella scelta di vestiti e accessori nell'armadio prima di una occasione importante. La moda, infatti, è il segno più tangibile del cambiamento, sia pure nella continuità di modelli classici: essa, pur sembrando una fonte di vanità nell'apparire, è un elemento universale che accomuna tutte le generazioni, le epoche, le razze. Nella moda che cambia si annida il bisogno della creatività, della rispondenza tra la persona e la sua attività.

Avviene come nella chimica: a ogni azione corrisponde una reazione.

Una donna che lavora, si muove, cammina velocemente per le strade, non ha paura del vento che sollevi i vestiti, come nell'immagine voluttuosa dell'attrice Marilyn Monroe in un film di oltre mezzo secolo fa: preferisce i pantaloni, pratici, eleganti o sportivi, e giubbotti imbottiti. Anche gli uomini sono cambiati nei gusti, niente più parrucche e ampi mantelli: tutto deve essere funzionale all'attività svolta e al gusto personale.

Ma la parola 'cambio' a volte mi fa paura, mi fa temere brusche novità, se pronunciata da politici d'ogni genere. Tutti predicono cambiamenti, che poi si traducono nell'aumento di imposte, o di sostituzione di gruppi partitici al Governo, o di promozione di qualche concorso per l'accesso al lavoro. Si dovrebbe parlare di miglioramento, non di cambiamento, di progettazione e non di innovazione. In Italia, chiunque vada ai vertici delle Istituzioni, del potere politico, annuncia cambiamenti... Crisi e cambiamenti sono le parole che sento in continuazione da una vita, che ormai non mi incantano più: 'cambiamento' in politica significa alternanza di gruppi al potere, 'crisi' è insoddisfazione di una particolare realtà. In fondo, forse c'è una relazione fra crisi e cambiamento: la prima quale origine della seconda. Quando un programma va in crisi, quando va in crisi un'azienda, infatti, avviene il cambiamento: in positivo, con la ristrutturazione, e in negativo col fallimento. Ecco perché a volte il cambiamento mi pone dei timori: per le eventualità di scacco, di insolubilità delle premesse poste in campo.

Faccio un esempio sulla mia esperienza scolastica. Ci fu un tempo in cui molti pedagogisti e riforme scolastiche sbraitavano contro il cosiddetto 'nozionismo' praticato nelle scuole. Secondo me, allora e oggi, il concetto era mal posto. L'istruzione prevede l'apprendimento e ogni scienza presuppone delle pre-conoscenze; la memoria va rinforzata con l'uso, la conoscenza arricchisce l'individuo, non lo sminuisce. Si tratta pure di apprendere i metodi per acquisire un habitus di alfabetizzazione costante, la capacità di ragionare, di distinguere, di giudicare ogni nuovo apporto nel campo della comunicazione. Il ricordo della scuola mi riporta ai tempi del mio primo anno di frequenza di un Istituto Superiore, il primo giorno da studentessa. Nell'edificio mancava la campanella, a cui ero abituata nella precedente scuola, ma io non lo sapevo. Devo ammettere che le mie conoscenze linguistiche erano più dialettali che italiane. Dopo un paio d'ore di lezione, quella mattina, entra un anziano in classe, dice „Professore, cambio" e se ne va. Al mio paese 'cambio' era il nome dato al camion o autocarro: quindi, mi domandavo che cosa volesse comunicargli con quell'avvertimento. Stetti zitta, non parlai nemmeno con la compagna di banco, del mio stesso paese. Dopo un po' il prof andò via, venne un altro. Capii tutto dopo due o tre volte la ripetizione della stessa parola, dello stesso avviso: cambiava l'ora di lezione, veniva un altro docente, non c'era in strada nessun camion che vendesse merce ai nostri amati insegnanti! Eh sì, le parole hanno magie segrete, che vanno al di là dei significati apparenti!

Dante Alighieri, il sommo poeta medievale, di cui quest'anno 2021 ricorre un anniversario speciale – settecento anni dalla morte – pure annunciò un cambiamento nella poesia, con il 'Dolce Stil Nuovo', a cui si vantò di aderire, scrivendo la *Vita Nova*, promuovendo un nuovo intendere della figura femminile, elevandola a simbolo di perfezione: tutto l'opposto degli autori di femminicidi di oggi, che vedono nelle donne le cause del loro malessere.

Accostata a 'cambio casa' ho trovato in scrittori toscani e anche nel Pascoli ai tempi della sua residenza a Castelvecchio di Barga, la parola 'calendimaggio': l'uso di effettuare i cambi di dimora il primo maggio in tante località della Toscana, in tempo propizio per la temperatura e per varie attività. Devo ammettere che cambiar casa significa anche cambiar vita, modificare attitudini, adattarsi a cose nuove rispetto alle precedenti.

Molti cambiamenti ho avuto nella mia vita, come tutti. Ho cambiato casa, paese, scuola, attività, abitudini, chissà quante volte! Ma rimanendo sempre ferma in determinati percorsi: famiglia, impegni, amicizie, affetti, studi, scrittura... Si cambia per fare nuove esperienze, raggiungere obiettivi speciali. Si cambia per acquisire nuovi incarichi, per abbandonare pregiudizi, per sfidare opportunità improvvise.

C'è chi cambia 'dieta': quella alimentare, per dimagrire o per evitare disturbi organici.

Tuttavia, il cambio più simpatico e divertente mi sembra il *look*. Quante volte abbiamo detto ad amiche, o sentito dire: „hai cambiato look!", di fronte a un nuovo taglio di capelli, a uno stile d'abito, a un modo di apparire opposto al precedente?

Anni fa ero stata invitata a partecipare a una nuova Associazione intitolata 'Cambiamenti', di tipo artistico-culturale, con molta voglia d'innovazione in ambito sociale, ma vi ho partecipato una sola volta: la prudenza non è mai troppa nella voglia matta di cambiare, a mio parere.

C'è un'altra tipologia di 'cambio' che mi stuzzica molto, quale termine tecnico e perché mi ricorda episodi del passato: il *cambio* nelle automobili, in tutti gli automezzi. Cambio/frizione: le prime esercitazioni pratiche per imparare la guida e conseguire la patente automobilistica! Che tempi di apprendimento per tutti, di usi sincronici tra piedi e mani in contemporanea con i comandi del cervello! In Italia dovevamo imparare tutti a utilizzare la frizione col piede sinistro, invece in America no, e nemmeno in Canada, a causa del 'cambio automatico': i miei cugini d'Oltreoceano, per poter guidare le nostre auto durante le vacanze estive da trascorrere in Calabria, dovevano possedere una patente apposita. Allora erano pochissime le macchine col cambio automatico. Tuttavia, durante il mio viaggio di nozze ne vidi una, usata dal sacerdote che ci unì in matrimonio, me e mio marito. Mi sembrava una buona soluzione quella di ridurre le fasi di guida; ma, dopo un lieve incidente occorsogli, tale riduzione mi parve insignificante per ogni persona abile a coordinare le funzioni degli arti in contemporanea. Ricordo con tenerezza l'episodio, stimavo molto il sacerdote, anche scrittore ed educatore impegnato con i giovani a Camerino, col quale dialogavo e che ci accolse un giorno nella sua casa, ricambiando l'ospitalità da noi offerta in Calabria: era Don Ferruccio Loreti di cui conservo un paio di libri, il quale, dovendo parcheggiare in una via in discesa, usò l'acceleratore invece del freno, sbattendo contro una macchina in sosta la quale a sua volta urtò l'altra seguente... Nessuno si fece male, ma tre macchine rimasero danneggiate assieme alla sottintesa pena nell'animo del nostro amico, dignitoso e responsabile che si premurò poi di pagare i danni a proprietari delle due auto '*toccate*' in malo modo.

Cavaliere e Cavalleria

Nell'ultimo viaggio che feci a Milano e dovetti usare la metropolitana, mi meravigliai perché più di una volta mi venne offerto il posto a sedere da qualcuno, nella vettura affollata.

Mi chiesi mentalmente se fosse stato per cavalleria o per compassione verso una donna avanti con l'età. Avevo letto, e ne ero consapevole, per tante esperienze, che l'avvenuta parità di genere toglieva il gusto agli uomini di usare riguardi nei luoghi pubblici verso il cosiddetto gentil sesso; invece, prima, essere trattato da *cavaliere* aggiungeva un altro fascino alle presunte doti maschili. Non era pensabile l'attributo di cavaliere a una donna, a una ragazza: non doveva cedere mai il posto a un uomo, in luogo pubblico, a scanso di equivoci.

I titoli di "cavaliere del lavoro", a persone meritevoli di entrambi i sessi e di qualsiasi età, furono un'istituzione repubblicana, elargiti dai vari Presidenti della Repubblica italiana. Ci sono migliaia insigniti di tale titolo. Ricordo quanto fosse orgogliosa di essere stata nominata "cavaliere", molto tempo fa, la maestra Maria Mileto, fondatrice e organizzatrice per tutta la sua vita del Premio "Giugno Locrese", giunto alla LIV edizione.

Neppure io su treni, autobus, sale convegnistiche, ritenevo doveroso che un uomo mi cedesse il proprio posto: il nuovo diritto paritario cambiava norme morali anche nell'uso comune. Norme morali che possono diventare legali per alcune categorie sociali: oggi sono previsti posti riservati per i disabili, una volta lo erano per gli invalidi di guerra. Ricordo i miei viaggi da studentessa nella littorina Calabro-Lucana, dove in prima fila, entrando a sinistra, e proprio presso la porta della cabina dell'autista ferroviere, c'erano due posti riservati agli invalidi di guerra. Guai ad accomodarsi lì! C'era il pericolo di una multa, di sgridate del controllore. Potevano restare vuote, ma sempre disponibili per eventuali passeggeri delle numerose fermate...

Il rispetto per le "donne", per i sofferenti, per le persone anziane, era un valore sociale molto sentito, un segno dello spirito cavalleresco tanto decantato da Ludovico Ariosto e da Miguel De Cervantes, un'emozione di solidarietà per il 'diverso', uno speciale senso di vanità maschile. Sì, ecco, la vanità maschile, riconoscere a se stessi la capacità di mostrarsi gentili, altruisti, generosi, meritevoli di essere ringraziati. Tale tipo di cavalleria non è una norma legale come quella dei posti riservati, perciò obbligatoria, è facoltativa, perciò indice del temperamento di un uomo nella platea di un particolare ambito sociale.

Chi usa gentilezze è considerato civile, si sente persona perbene, non uno zotico ignorante delle consuetudini moderne.

Non sempre, però, tale spirito cavalleresco è sincero: la 'forma' non è 'sostanza', è come l'ipocrisia che si veste di educazione, per convenienza, per un doveroso senso di rispetto verso l'altra persona, pur se falso. Ciò si nota attraverso vari fatti reali. Come si spiega la differenza tra la gentilezza e il rispetto vero? Chi è maschilista è capace di lodare una donna, ma incapace di ascoltarne le richieste o i rifiuti.

Abbiamo discusso con amiche, spesse volte, su questo comportamento maschile: l'uomo accetta le preghiere femminili, non le imposizioni, che siano giuste o meno. L'uomo accetta un ordine da un altro uomo, non da una donna. L'uomo maschilista, intendo. Non l'uomo razionale, che valuta i pro e i contro di ogni situazione, l'intelligenza di chi gli sta di fronte, sia esso uomo o donna.

La donna, da secoli, è stata abituata all'obbedienza maschile; quando ha usato le chiavi del comando, per sfregio le sono stati attribuiti i pantaloni maschili! "È una femmina con i calzoni", si dice in segno spregiativo. Forse perché abbiamo distinto i vari lavori per sesso?! Alcune attività lecite, altre disdicevoli. Nelle vecchie foto, nei ritratti di pittori, non abbiamo mai visto maschi lavare panni nei canali o al fiume, sempre femmine a strigliare, insaponare; la cura dei bambini, della casa, del corredo, sempre opera femminile. Oppure sempre i maschi a guerreggiare, a usare armi e navi, e le donne a pregare nei templi e nelle chiese o a curare i feriti.

Mio marito è stato sempre un maschilista. Quando si doveva pensare alla costruzione della nostra casa, era lui che sceglieva tecnici, operai, materiali. Intervenivo solo se me lo chiedeva. Ma se volevo modifiche ai suoi progetti, c'erano discussioni infinite. Dovevo usare la 'preghiera' o il ricatto, altrimenti non approdavo a nulla. Fu costretto, ma accettò, di fare lo scantinato, che poi si rivelò tanto utile. Invece non mi accontentò in altre proposte, perché molto restio a spendere denaro che non fosse per vantaggio personale. L'ultimo operaio che è venuto per verniciare le ringhiere (per farmi contenta), l'ha pagato e licenziato senza fargli passare una 'seconda mano' di verniciatura...

Ma ancora è difficile che un lavoratore venga a svolgere un incarico se 'comandato' da una moglie invece che da un marito, da una sorella invece che da un fratello. Se c'è in famiglia un uomo, la tradizione ha le sue esigenze di rispetto e distinzione dei ruoli. È vero che non sempre è così, o almeno non per tutti, soprattutto per quelli delle nuove generazioni cresciute con il senso di collaborazione familiare, di aiuto reciproco fra coniugi, ma persiste in moltissimi la convinzione che sia degradante dover dipendere da una donna in un lavoro prettamente maschile.

Che confusione! È degradante essere comandato, pagato da una donna, non lo è se può utilizzare i suoi soldi, i suoi beni?! Così si spiega l'usanza di tre secoli fa e anche di tempi recenti, del marito che utilizza come beni propri quelli della dote della moglie, salvo poi a picchiarla, a maltrattarla come inetta qualora non svolga un'attività visibilmente retribuita?! Le promesse da fidanzati, quelli fatti in chiesa o al municipio secondo le formule nel giorno delle nozze, diventano promesse da marinaio, durano poco. Ricordo la soddisfazione di un uomo nel giorno in cui – come mi è stato raccontato da lui stesso – ha preso svariati milioni dalla banca con l'aiuto della futura suocera e li ha poi versati nella propria banca, utili alla conduzione della propria azienda in difficoltà.

Cortesia, adulazione, riguardi: sempre usati per abbindolare, per conquistare la simpatia, ma alla fine con un unico obiettivo di supremazia maschile... Certe volte mi chiedo se per alcuni sia dipeso dalle attitudini al caporalato del regime fascista, dalle prevaricazioni dei gerarchi sui sottomessi, ereditate da padri e avi; oppure dall'idea stessa del superuomo nazifascista, geneticamente di razza superiore, di considerare le *finalità d'uso* di qualsiasi persona, compresa la donna, sia essa femmina, madre, sposa, figlia.

Cavalleria come galanteria, come esercizio di comunicazione sessuale?! Eppure, originariamente, essere cavaliere qualificava le doti di cortesia, coraggio, soccorso ai bisogni delle donne, dei più deboli, o anche della religione cristiana come è avvenuto per i Cavalieri di Malta, un ordine cavalleresco con molti secoli di vita, che resiste ancora, stando all'immagine da me vista su fb (grazie all'amico storico Alessio Bruno Bedini che si è fatto ritrarre pure lui nel costume dei Cavalieri di Malta, di cui fa parte).

Il ritratto più famoso del grande pittore secentesco calabrese Mattia Preti, è in abito di tale ordine: titolo che gli venne concesso dal papa grazie ai suoi protettori illustri. Mattia Preti non solo Cavaliere di Malta, ma pure cavaliere vissuto per lo più a Malta, dove c'è la maggior parte dei suoi dipinti. Anni fa è stato attribuito a lui un grande quadro che raffigura Giuditta e Oloferne, che possiamo ammirare a Gioiosa Ionica, presso Palazzo Amaduri.

Confessione

Il bagaglio linguistico, si sa, non rientra nei canoni ereditati col DNA, ma si acquisisce con la pratica, con l'apprendimento. Il mio primo impatto con tale termine, '*confessione*', avvenne in terza elementare quando era in uso ricevere la prima comunione a otto anni, con la nostra religione cattolica plurisecolare. Prima di poter ricevere in bocca l'ostia consacrata, bisognava confessarsi col sacerdote. Ero preoccupata: confessare che cosa? Quali peccati potevo aver commessi?! Il sacerdote mi aiutò, ponendomi qualche domanda. „Hai bestemmiato, hai detto parolacce?", „sì, a una gallina...!", risposi dispiaciuta. Nella sua voce di risposta intuii un mezzo sorriso, giacché mi disse che non era peccato. Il *confiteor* latino nella celebrazione della messa è quasi un approccio confidenziale col *divino,* una ammissione di debolezza personale di fronte al perfetto Assoluto che ci sovrasta. Ma confessare a Dio non è lo stesso che confessare ai suoi ministri. Di tale sacramento feci scarso uso successivamente, dopo i miei anni giovanili.

Mi domandai sempre il suo valore, capire la sua utilità, a vari livelli, non solo a quello religioso. La confessione non c'è solo nei confessionali, ma nei tribunali, tra amici, nei libri.

Le confessioni di un ottuagenario, divenute poi *Le confessioni di un italiano* di Ippolito Nievo, si leggono ancora? Nei miei primi anni universitari lessi tantissimi libri dell'Ottocento italiano ed europeo, forse troppi, considerato il mio stile di scrittura d'allora, assimilato da scrittori classici.

La confessione esige riflessione, giudizio, scelta. Il *penitente,* il *reo confesso,* il *pentito, l'ammissione di colpa,* il *presunto colpevole* o il *presunto innocente,* sono entrati nel linguaggio quotidiano. La confessione come 'liberazione' da un peso, un peso sulla coscienza, ma con un obiettivo, che avvalori gli effetti della confessione stessa, altrimenti non è tale.

La testimonianza non è confessione. Nelle aule dei tribunali non tutti i testimoni sono veritieri, possono essere 'prezzolati', confessare colpe non commesse, omettere reati; ma anche in chiesa, nei confessionali, peccati gravi possono venire taciuti per non subire la vergogna della 'non assoluzione'! E sì, non sempre i 'confessori' assolvono, qualora la 'pena' da comminare al 'penitente' non sia soltanto una preghiera di rito, come il *padrenostro* e *l'avemaria* o il rosario. Voglio ricordare qui una figura di sacerdote, preciso, coerente, vicario nella mia diocesi, mons. Cornelio Femia, che conobbi quando divenne arciprete prima a Mammola e poi a Siderno. Ero anch'io in chiesa quando non diede la comunione a una giovane che poi seppi chi era e perché le venne rifiutata. Non si era confessata con lui, altrimenti non l'avrebbe assolta: conviveva con un uomo, col quale non era sposata col vincolo del matrimonio. La Chiesa era severa: per quanto si fosse modernizzata dopo il Concilio Vaticano II, conservava e conserva tuttora delle norme rigide. Non erano, non sono ammesse convivenze libere, atti sessuali prematrimoniali, offese al pudore, atteggiamenti gay. Ecco una conseguenza della confessione: il perdono. Il perdono funge quasi da regalo dopo il pentimento, per aver compiuto qualcosa che non si vuol ripetere mai più. Altri tempi, altra morale! La 'convivenza' non è più né peccato né reato: le coppie possono decidere liberamente di vivere insieme, sotto lo stesso tetto, con varie garanzie legalmente attribuite.

Spesso, in passato, ho considerato il 'confessore' uno psicologo *ante litteram*, senza laurea, un ascoltatore capace di capire, di consigliare, per tantissime persone, non certo per alcune dotte e geniali: penso a Giordano Bruno condannato al rogo che non desistette dalle sue idee (la possibile esistenza di altri mondi oltre al nostro), a Galilei che confessò una bugia... scientifica (la terra che gira intorno al sole), che poi ritrattò, come era ovvio, dopo il processo subito.

È oggetto della psicoterapia la concessione del perdono? È attraverso il dialogo con un altro, meglio se è professionista della comunicazione, che avviene la rielaborazione mentale di un evento, di un progetto, poi l'accettazione, la comprensione, i rilievi sulle cause e sugli effetti, il quadro conclusivo?! Il perdono potrebbe quindi significare uno sblocco dai tormenti che consciamente o inconsciamente affliggono una persona. Talvolta non può bastare la semplice confessione o il consiglio sulla penitenza da eseguire, ma si rivela necessario l'ausilio della scienza, anzi della farmacologia. Un farmaco può aggiungere la molecola che manca al corpo.

Il tema della mia riflessione mi ha portato su confini imprevisti, e ora a un interrogativo pressante: „La coscienza di Zeno" di Italo Svevo è una metafora letteraria della confessione, non più religiosa, ma laica? Sì, sappiamo che corrisponde a un primo canone di letteratura psicoanalitica, ma che in fondo assurge a dialogo culturale e umano per ogni lettore: la scrittura stessa, la poesia, l'arte in genere sono dichiarazioni dell'io più profondo che è in ognuno di noi. Non si confessa, come credo, lo si esprime liberamente con simboli inventati all'istante, non dietro la rete del confessionale, non in un lettino di psicoanalisi, non giurando seduti in un'aula di tribunale e nemmeno con messaggini al cellulare.

Tanto gentile e tanto onesta pare
la donna mia quand'ella altrui saluta...

I versi di Dante Alighieri che aprono il sonetto più noto della sua Vita Nova, non sono la confessione di un sentimento, sia pure secondo un metodo non comune? E la cosiddetta 'dichiarazione d'amore' non è la confessione di un sentimento, di una attrazione psicofisica?! Anche questa è finalizzata a un obiettivo, che non è certo il perdono, bensì la corrispondenza affettiva, ricambiando con altrettanta valenza. *Amor che a nullo amato amar perdona,* dice ancora Dante nel V canto dell'Inferno, con questo verso messo in bocca a Francesca da Rimini. La confessione assume quindi il valore di 'rivelazione' di sentimenti, non di verità o di peccati.

Il destino

Il destino è il fato dell'antica mitologia greca? Tante volte mi sono chiesta la differenza di significato tra il *fato* della filosofia greca e il *destino* della filosofia cristiana: sono solo sinonimi o includono concezioni diverse? Ragionandoci sopra, riflettendo su concezioni personali e storiche, su santi, pensatori, scrittori, noto delle diversità sostanziali.

Entrambi, fato e destino, hanno in comune il tracciato reale di una persona, ma visto idealmente come un tracciato segnato da una autorità superiore: infatti, se una cosa va male o va bene, si dice „era destino", oppure „il fato aveva stabilito così." In tal caso, l'accidentalità vince sulla razionalità che afferma, da 2.400 anni, „ognuno è artefice della propria vita", cioè del proprio destino. Come conciliare la casualità con la razionalità? Molto semplice sembra la risposta: c'è l'imprevedibile, la causalità di eventi concatenati, a effetto domino per cui al deficit di uno seguono altri.

È il caso recente della funivia Stresa-Mottarone in provincia di Torino: a 100 metri dall'arrivo, in otto secondi, un sibilo, cade la cabina, rotola in un dirupo, muoiono 14 passeggeri che erano a bordo. Rottura di un cavo? Freni mal funzionanti? Hanno sbagliato i passeggeri a fare il viaggio in funivia quella mattina? Il guasto incontrollato, la causa oscura, sono alle origini del 'franto' libero arbitrio delle persone. Mi piace l'espressione dantesca di 'libero arbitrio', che assegna all'individuo la libertà delle proprie scelte, ma ciò non significa di poter disporre in tutto, la libertà è relativa, soggetta a vari vincoli, della società, della natura, del tempo, dei confini imposti dallo spazio in cui si vive. Gita in montagna in una domenica di primavera, in quella funivia, un compleanno da festeggiare, un panorama incantevole tra le Alpi e il lago Maggiore da fare ammirare a bambini e poi il crollo di tutti i propositi progettati poche ore prima.

Non condivido la concezione antica del 'fato' come entità superiore, al quale tutti si sentivano sottomessi: uomini e dei, terra e universo, a meno che non mi immedesimi nella fantasia dei *pagani* antichi, Greci, Romani, Omero, Virgilio, Eschilo, e senta sopra di me il potere dell'universo, le cui regole mi sovrastano: posso ignorarle, aggirarle, obbedirle, non eliminarle. Non posso chiedere al sole di cambiare i suoi orari di luce né al mare di cambiare le acque salate in dolci; il *De rerum natura* del poeta latino Lucrezio mi impone di ricordare come la morte sia legata alla vita, come la bellezza del mondo sia una continua trasformazione, un insieme di percorsi nascita-morte. Ma Lucrezio era andato oltre al misterioso fato, relegandolo a una funzione non razionale, bensì superstiziosa: riconosceva il divario tra ignoranza e conoscenza, tra la *religio* che abusava dell'ignoranza e la *ratio* che si affidava alla scienza.

Il destino è qualcosa di diverso, non è un'entità incombente, è una visione degli eventi ma col senno di poi, per usare un'espressione comune; forse deriva da un'elaborazione interiore del senso di tolleranza del dolore, delle delusioni, delle mete non raggiunte, delle limitazioni personali. Una mia cugina che vive a Toronto sere fa mi ha raccontato gli effetti della sua emigrazione in Canada da giovane sposa: doveva imbarcarsi sull'Andrea Doria, il magnifico transatlantico che purtroppo naufragò nell'Atlantico nel 1956, ma l'Agenzia di viaggio la fece partire un giorno prima con il Vulcania! „Era destino!“ dice lei, ma considerando non la possibile morte, bensì il fallimento del suo matrimonio, dopo qualche anno di residenza in quella città. Non ha considerato che si può combattere contro il destino, come ha fatto anche lei, in seguito, imparando linguaggi e calcoli nuovi, mettendo a frutto le capacità manuali in una azienda manifatturiera, districandosi con dinamicità nei compiti di madre e di impiegata. Mi arrabbio quando qualcuno mi dice che bisogna „rassegnarsi al proprio destino“, magari cadendo in depressione! Oggi va di moda la 'resilienza', che poi non è altro che la perseveranza di un atteggiamento positivo di resistenza, sopportando l'evento e cercando la soluzione alternativa, quella possibile.

Qualche anno fa, a Gerace, uscendo dalla medievale Cattedrale, la cui prima costruzione risale al tempo dei Normanni, un giovane mi saluta: non lo conosco, non ricordo chi possa essere, gli chiedo il nome, risponde: riaffiora alla mia memoria, il mio lontano vissuto di docente impegnata. È un ricordo ingrato, glielo dico: è stato bocciato per due anni consecutivi in primo Superiore! Tale scuola non era adatta a lui, alle sue attitudini, doveva cambiare - secondo me - e lo dissi nell'assemblea del Consiglio d'Istituto, quando ne venne chiesta la riammissione alla frequenza per la terza volta. Proprio così: Pasquale (non ricordo il cognome) mi ringrazia della bocciatura: ha ottenuto ciò che voleva, cambiare scuola, realizzare il suo sogno cullato sin da piccolo, poi raggiunto, diventando pilota aeronautico, lavorando sempre nell'aviazione.

Da un lato il destino ci rammenta i nostri limiti, gli insuccessi dei progetti, gli ostacoli imprevisti, ma dall'altro, se avviene qualcosa di piacevole, ci può suggerire l'esistenza di un privilegio gratuito. Quante volte ho sentito „era segnato nel suo destino, sin da ragazzo, diventare un campione, diventare un cantante, diventare uno scienziato". Avere doti sportive eccezionali, o la voce di tenore, di soprano, essere ricercatori perspicaci, non è da tutti. Essere un Diego Armando Maradona campione del calcio mondiale, o un Luciano Pavarotti tenore, una Maria Callas soprano, oppure una scienziata come Maria Curie o Rita Levi Montalcini, non rientra nella normalità del vivere, anche se la massa vive a modo suo tali fenomeni culturali.

La musica fa parte della nostra spiritualità da sempre, ma personalmente non approvo le manifestazioni esagitate, violente a volte, durante l'esecuzione di musica in piazza: le deviazioni purtroppo esistono, non è responsabilità della musica, ma dei singoli soggetti o gruppi, invasi da folle ubriachezza, da spirito di sopraffazione e di vandalismo; purtroppo, passioni inconsce o propositi delinquenziali trovano sfogo anche negli stadi o nei concerti all'aperto, per taluni giovani e meno giovani, come di tanto in tanto leggiamo nelle cronache.

Le potenzialità dell'individuo, da sopravvalutare o da nascondere, trovano nel destino un alleato formidabile, sia se sono coronate dal successo, sia dall'insuccesso: tutto ciò nella credenza popolare. Ma vorrei andare più a fondo in tale questione. Oggi è noto il fattore DNA nel bagaglio ereditario di ognuno di noi, quasi una carta della pre-nascita, per cui sesso, tipologie fisiche, somatiche, psichiche sono in embrione, stabilite all'origine, e anche l'intelligenza. Ma non solo l'intelligenza, anche le menomazioni attraverso analisi specifiche sono presenti nel feto sin dai primi tre mesi di sviluppo nell'utero della madre: soprattutto per questo è stata approvata la legge sull'interruzione di gravidanza in Italia e in altri Stati civili, designando nella scelta della donna incinta il suo prossimo destino, se diventare madre portando a termine la gravidanza, oppure abortire per motivi personali, che possono essere di varia natura, sia di salute, sia psicologici, sia di rifiuto di un figlio portatore di handicap, solo per citare alcune cause. Prevedere malformazioni nel neonato non era materia nota, per secoli, anche se indovini e astrologi cercavano nelle stelle e in alcuni eventi naturali le premonizioni su eventi futuri.

Giovanni Calvino, all'epoca della Riforma, nel Cinquecento, riprese la concezione paolina a suo modo, elaborandola quasi come esempio di predestinazione. La ricerca spasmodica di scoprire dentro di sé la 'scelta' di Dio, influì certamente sul cammino della coscienza umana: analizzare moti consci e inconsci della psiche, indagare sulle origini di doti e difetti, rivelarne atteggiamenti e debolezze può divenire cammino verso la salvezza. Alessandro Manzoni, pur partito da analisi religiose calviniste, giunge a un altro equilibrio ideale, religioso ed esistenziale insieme: non c'è né predestinazione né influsso della Grazia né un Dio al di sopra di tutto che comanda, ma un potere etico che sottende alle finalità dell'intero universo. Coniando l'espressione 'Divina Providenza' che guida i destini del mondo, cioè le vicende terrene, ha considerato gli esiti finali nelle vicende umane e terrestri: tutto è volto al bene, ogni causa genera effetti tendenti al bene, al miglioramento, pur tra sacrifici, sofferenze, vittorie o delusioni. Il bene vincerà sul male, i cattivi saranno condannati, i buoni saranno premiati, come si evince anche dal tradizionale senso del progresso, insito nel cammino ideale della civiltà.

La visione del futuro si lega alla fede, che non è solo cultura religiosa, secondo il mio modesto intuito: la fede è un elemento superiore, vorrei dire a-priori, usando il termine che Emanuele Kant riserva alle nozioni 'innate' di spazio e tempo, giacché implica la finalità che noi prevediamo per qualsiasi progetto. Facciamo ogni cosa perseguendo un fine; ogni nostro pensiero, azione, programma, preordina la compiutezza futura. Se ciò non avviene, si cade nell'apatia, nel pessimismo, addirittura nel suicidio; mi chiedo se anche l'eutanasia rientri in questa riflessione: la scelta di morire declinando ogni possibilità di cure mediche è la risposta all'assenza di 'fede' nel proprio cammino terreno? È la disperazione, oppure il rifiuto della sofferenza inutile a far pendere la bilancia verso il piatto della morte?! Non appartiene a questa casistica, però, la morte cosiddetta stoica, come fu ad esempio quella di Seneca, e nemmeno quella di Gioacchino Murat, come ho letto recentemente in un libro a cura di Maria Rosaria Costantino[6]: Murat chiese ed ottenne dal generale Nunziante di dare personalmente al plotone di esecuzione il segnale di sparare. La morte era l'evento stabilito: la concessione di una piccola scelta era soltanto un atto simbo-

[6]Emily Lowe, *Donne indifese in Calabria,* Rubbettino, 2012, Soveria Mannelli, pag. 60-62.

lico della propria dignità di uomo che aveva guidato eserciti e tale si vedeva in una probabile memoria futura.

Il dissenso

La pandemia da coronavirus che ci travaglia in mille forme dal 2020 e le proteste dei 'No vax', contro la somministrazione di massa di farmaci vaccinali, mi fanno pensare alle forme di dissenso tramandate da eventi storici, non sempre tollerate, o addirittura condannate violentemente.

Il dissenso dovrebbe essere l'espressione di una opinione personale opposta al consenso di una maggior parte di persone. Secondo l'enciclopedia Treccani, può essere oltre che „Mancanza di consenso, di accordo" oppure „diversità di parere, di sentimento e simili", anche „Critica vivace e serrata, operata dall'interno (ma che può talora risolversi in decisa opposizione) alle strutture dei partiti, di organizzazioni sociali, politiche o religiose, per profonde divergenze circa le posizioni teoriche e ideologiche, le direttive, le linee d'azione sia in generale sia riguardo a problemi particolari".

Quali sono le conseguenze del dissenso? Non sempre sono accettate come forma di libertà di pensiero, di comportamento, come avviene nella rottura di un contratto, quando le parti non giungono a una conclusione. Ricordo ciò che è avvenuto a me qualche volta: in particolare una, quando dovevo comprare un terreno edificatorio a Siderno, il notaio aveva preparato l'atto di compravendita, ma la venditrice non ha accettato il mio assegno bancario, voleva il denaro in contanti (allora ammesso dalle norme legali), per cui l'atto notarile predisposto in quel giorno è stato annullato. Fortunatamente per me, si è fatto in seguito, ma alle sue condizioni.

E per i *no vax*? Che cosa succede a chi non vuole vaccinarsi per propria scelta, opposta alla maggioranza della vaccinazione anti-covid? Le norme legali del 2021 per gli obblighi vaccinali, hanno riguardato funzionari pubblici: medici, insegnanti, forze dell'ordine ...: devono vaccinarsi, non possono essere un pericolo di contagio per sé e per gli altri. Altrimenti sono esentati dal servizio, o devono ricorrere a tamponi continui di prevenzione. C'è un garbuglio di regole e di rifiuti, di preoccupazioni e di contrasti. Io mi sono vaccinata e altrettanto i miei familiari. La paura del covid rimane, con tutte le sue variazioni, ma rimane pure la paura 'vaccino' per chi non vuole vaccinarsi. Alcuni contestano la sua reale esistenza, non accettano i verdetti degli scienziati, pensano che sia un falso scientifico. Io credo nel valore della scienza, nelle sue possibilità di agire a favore dell'umanità, anche se eventualmente sbaglia in buona fede.

Mi pongo interrogativi ai quali non so rispondere, o che mi suggeriscono ipotesi in relazione ad altri virus, bacilli, cocchi, di cui sono testimoni epidemie storiche e infezioni locali. Le pesti, la tubercolosi, la difterite, la spagnola, e chissà quante altre, hanno inflitto sofferenze e morte a buona parte dell'umanità passata! Negli anni Cinquanta del '900, si ammalò di tubercolosi ai polmoni un mio prozio, fratello della mia nonna materna, non si sapeva come era stato colpito, dato che non c'erano altri casi in paese: furono subito bruciati vestiti e biancheria e lui portato in sanatorio. Si sapeva che l'infezione era pericolosa, poteva contagiare altri. Pure mio padre aveva i polmoni ammalati, ma di silicosi, contratta dal suo lavoro in miniera, non infettiva. Entrambi questi mali sono stati superati, sono guaribili se curati in tempo.

Ricordo le prime inoculazioni del vaccino Sabin contro la poliomelite. Allora insegnavo nelle scuole elementari: i miei alunni dovevano tutti vaccinarsi, quelli inferiori ai 14 anni. Il mio medico di famiglia, Ettore Agostino, che era stato molto vicino a mio padre durante gli anni della sua malattia, mi consigliò di farlo, anche se avevo 18 anni, almeno una dose, che io accettai subito dalle sue stesse mani. In seguito per i miei figli e per tutti i bambini furono quattro le dosi antipolio prescritte. La poliomelite venne debellata. Probabilmente anche l'anti-covid somministrato nelle quantità giuste risolverà il problema delle difese immunitarie contro alcuni virus.

La nostra costituzione ci garantisce la libertà di pensiero, ma non sempre quello di scelta: impone delle regole, come sempre è successo in tutti gli Stati.

La guerra: gli eccidi di due guerre mondiali nel Novecento ci hanno fatto odiare la guerra, soprattutto alle donne, per il suo carico di violenza, civile e militare. La partecipazione sempre più attiva delle donne nella vita sociale e politica ha alimentato la repulsione anche verso la violenza codificata, quale è quella del richiamo alle armi in caso di necessità dichiarata dal Capo dello Stato. Il dissenso di un soldato in guerra, il rifiuto di obbedire a un'azione bellica o la diserzione, gli hanno causato spesso la condanna a morte, come abbiamo tante volte letto e sentito su episodi avvenuti durante eventi armati.

Nella seconda metà del Novecento si sono affermati gli 'obiettori di coscienza': rifiutavano l'uso delle armi nel servizio militare obbligatorio e potevano svolgere il servizio civile. Ancora di più: negli Anni Novanta è stato abrogato in Italia il servizio militare obbligatorio, la cosiddetta 'leva', per cui ogni giovane è libero di scegliere tra carriera militare – che comporta ancora l'uso delle armi – e la civile. Certo, esiste ancora il porto d'armi, necessario ai cacciatori, sport tuttora diffuso nel nostro Paese. Mio zio Vincenzo era cacciatore, ma aveva le terre da coltivare, preparava da se stesso le cartucce: la caccia per lui era sì un hobby, ma anche un'entrata alimentare! Allora non c'erano i cinghiali a rovistare in tutte le nostre campagne e a minacciare le periferie dei paesi, ma la malavita sì: in seguito, al tempo dei sequestri di persona, dei ladri scassinarono la casa in sua assenza e gli rubarono i due fucili: finì la caccia. L'arma era per lui mezzo di sostentamento, non di offesa o difesa: quando ci fu la guerra d'Etiopia, nel 1935, molti lo spingevano perché si arruolasse volontariamente, per lo stipendio allettante, ma lui rifiutò, si accontentava dei frutti del suo lavoro agricolo, e la sua vita si svolse serena, senza sbalzi angoscianti.

Il dissenso ideologico diventa pericoloso in epoche e paesi dove vige un estremo rigore morale, religioso, politico. Lo scienziato Galilei venne processato per le sue idee divergenti da quelle della Bibbia! Aveva la stessa idea di Copernico, del movimento rotatorio della terra intorno al sole e non viceversa, ma Copernico era rimasto pressoché sconosciuto, mentre Galileo Galilei era una personalità nota, diremmo oggi 'mediatica'. Giordano Bruno patì il rogo per i suoi principi dissenzienti dalla chiesa ufficiale: anche se in quei tempi, a cavallo tra il Cinquecento e il Seicento, Chiesa e Impero Spagnolo erano alleati nella comune difesa della tradizione conservatrice di dogmi e potere civile. L'Inquisizione aveva i suoi tribunali e secondo me metteva in unico calderone tutti i dissenzienti, fossero essi filosofi, teologi, anarchici, streghe, maghi, eretici, scomunicati, sovversivi, erboriste, adultere, persone epilettiche o fanatiche.

Oggi ci meravigliamo dei processi per stregoneria: tante povere donne condannate per insinuazioni maligne di ignoranti e per pregiudizi dei giudici! Ho un dubbio che è quasi una certezza: la cultura, la conoscenza profonda di alcune cose negata ad altri, il pensiero divergente, talvolta fanno paura. Fa paura il/la giornalista che 'scava' alla ricerca di una verità nascosta, ma fa pure paura il medico che sperimenta l'efficacia di un nuovo farmaco. Sperimentare è alla base del metodo scientifico ed esige analisi ripetute, indagini su più fronti, attenzione ragionata, accettazione dei risultati. È sempre così?! Si può applicare il metodo sperimentale al cervello umano, all'analisi delle sue idee in ogni processo intellettivo e verificarne i risultati? Lo fa la psicoanalisi, ma non per tutti i casi. E poi, sono le conseguenze di una azione che fanno riflettere sull'idea che ne è stata la causa. Come a dire: furono gli effetti delle due bombe atomiche sganciate su due città del Giappone nel 1945, a far riflettere sull'idea di costringere alla resa una Nazione, a non effettuare alcuna punizione con bombe atomiche in nessuna futura guerra del mondo. Così come avvenne per il primo legislatore della nostra storia, l'antico locrese Zaleuco, che si accorse dell'eccessiva condanna per chi si fosse macchiato di adulterio dopo il processo del proprio figlio, colpevole appunto di adulterio. Punizione terribile per l'adultero: gli si dovevano cavare gli occhi, così non avrebbe potuto più guardare una donna! Zaleuco, oltre seicento anni a.C. era addolorato per il figlio, che non poteva sfuggire alla condanna: propose ai giudici che cavassero sì due occhi, come era scritto nelle leggi da lui emanate e accettate da tutti, ma che uno venisse cavato al figlio e l'altro a se stesso. E così fu fatto, anche se poi nei secoli seguenti le pene corporali vennero sostituite con quelle pecuniarie; le cosiddette 'leggi del taglione': occhio per occhio, dente per dente' vennero abbandonate, altrimenti avrebbero ridotto molti alla disabilità... In tali forme di punizione non rientra però il dissenso, ma la considerazione del 'reato', vero o presunto: infatti, sono cambiate molte concezioni e le sentenze nei processi. Non si cavano più gli occhi ad adulteri né si mandano in prigione: si scioglie il matrimonio, si separano; la separazione fra coniugi, tra fidanzati, può avvenire pure per divergenze di carattere personale, ma nel rispetto delle norme legali o contrattuali, tra persone civili, mentre non è altrettanto con persone violente, purtroppo, come ci indicano i numeri di femminicidi che accadono ogni anno.

Il dissenso all'interno di partiti politici può portare ala nascita di un nuovo partito, di un movimento ideologico che si distacca dal partito originario, come è avvenuto spesso in Italia. Matteo Renzi, capo del Governo italiano 2014/2016, dopo la delusione referendaria del dicembre 2016, non solo si dimise dall'incarico istituzionale, ma negli anni seguenti, a causa di dissenso con la maggioranza del PD[7], formò 'Italia Viva', una nuova aggregazione politica. Già prima, altri dissenzienti di vari partiti avevano dato vita al M5S[8], che andò al Governo nel 2019. Il dissenso, quindi, porta sempre dei cambiamenti a seconda dei luoghi in cui avvengono e delle persone che ne sono protagoniste. „Tot capita, tot sententia", dicevano i latini, a significare che ogni persona ha una testa pensante, e diversa, non è una pecora dolly, una copia dell'altra.

Gli effetti espressi col dissenso non sono sempre uguali, possono restare nell'ambito personale, oppure avere effetti pubblici, in base al potere esercitato dai singoli leader. Quando Benito Mussolini nel 1940 doveva decidere sull'entrata in guerra dell'Italia a fianco della Germania di Hitler, non ascoltò i suoi generali, convocati per esporgli lo stato delle milizie, che lo sconsigliavano a causa della scarsità di mezzi militari e di preparazione degli eserciti, dichiarò ugualmente la partecipazione al conflitto, con le conseguenze che sappiamo. In lui agì la mania di onnipotenza, che fa parte di ogni capo di Stato dittatore.

Ho lasciato per ultimo il dissenso in campo familiare e in piccole comunità, frequente sempre, anche se circoscritto a rapporti interpersonali. Un figlio che si oppone a obblighi familiari, o un soggetto che non accetta la morale comune e i costumi tradizionali ne subisce conseguenze personali più o meno gravi. Penso alle coppie conviventi, senza aver contratto legale matrimonio: oggi sono più o meno accettate, una volta no. Quando ho fatto ricerche in archivio (per miei saggi) su registri settecenteschi del vescovo di Gerace Ildefonso Del Tufo, mi imbattevo spesso nella voce 'scomunicati'. Era un peccato molto grave, riferito a persone notoria-

[7]Partito Democratico
[8]Movimento Cinque Stelle

mente adultere, a conviventi non uniti da vincoli matrimoniali, e quindi oggetto di malelingue e di vituperazione popolare, non ammesse a riti religiosi o escluse dai sacramenti: occorreva cambiar vita, per ottenere l'assoluzione.

Nello stesso secolo Voltaire scrisse il *Trattato sulla tolleranza*, che pubblicò nel 1763, un anno prima del Dizionario filosofico: qui scelse e raccontò il caso di un certo Calas – i miei allievi discutevano con interesse a scuola questo fatto – che si oppose al padre protestante, voleva divenire 'cattolico' e pagò con la morte la sua idea di scelta religiosa. Si stavano affermando i principi di libertà, si criticavano le sentenze di giudici superficiali, le disuguaglianze sociali. Ci fu un processo scandaloso, giacché venne sospettato il padre dell'omicidio di Calas e condannato a morte. Voltaire ha fatto il punto su due comportamenti opposti: l'abuso di potere che mira alla punizione, la tolleranza che accetta la divergenza, il diverso. Nella mia vita credo di essere stata per lo più paziente, tollerante, ma entro certi limiti, altrimenti mi discosto dall'opinione altrui o da quella comune, per coerenza deontologica e autonomia di giudizio, per senso della dignità personale.

L'elemosina

Una volta, la maledizione peggiore che si poteva esprimere verso una persona odiosa era che 'finisse all'elemosina', che fosse '*limosinante*'. Effettivamente, quelli che chiedevano l'elemosina per le strade erano l'ultima categoria sociale nel giudizio comune: se ne incontravano di tutte le specie ed età, a bussare alle porte, a chiedere soldi o un pezzo di pane, olio, generi alimentari; nelle fiere e feste religiose molti disabili esponevano, quasi trofei, moncherini di braccia, piedi storti, cartelli con su scritto 'cieco' o 'sordomuto', per carpire il buon cuore altrui e qualche monetina. Erano indigenti:

mancava loro il necessario per vivere dignitosamente, cibo e buona famiglia.

La ripresa economica, dopo i guasti della guerra 1939/45, a distanza di oltre un decennio, cominciava a farsi sentire, dandoci l'illusione che erano finite povertà e disoccupazione. Ovunque fervore lavorativo, progetti di progresso in ogni campo, pensione a vecchi e a invalidi, aiuti in varie forme ai bisognosi, sia dalla Caritas cristiana, sia – con aiuti sociali in vari modi – dalle Amministrazioni comunali in Italia: tuttavia, non scomparve il fenomeno dell'accattonaggio, trasformato e deformato in un 'mestiere'... proprio così: per alcuni divenne un progetto per far soldi, un modo di vivere alla giornata, come potei costatare personalmente o per racconti veritieri altrui.

Ai tempi in cui ero studentessa, vedevo sempre un giovane 'cieco' sui treni, con una specie di lanterna in mano in cui era incollata una immaginetta sacra, accompagnato da un altro come guida. „Dai a questa", e indicava l'immaginetta, „e prende questo" e toccava se stesso. Seppi in seguito che era finto cieco, perché venne scoperto. A Messina, quando frequentavo l'Università, incontravo talvolta un tipo grande e grosso con un piattino in mano a chiedere l'elemosina; all'inizio, presa in buona fede dalla sua richiesta d'aiuto, gli diedi, 50 o 100 lire, non ricordo, ma poi, riconoscendo in lui il 'vizio', gli dissi di no, che andasse a lavorare. Mio marito, che allora non conoscevo ancora, mi disse che mi aveva notata proprio in quella occasione di rifiuto. Ma devo dire che altre volte sono stata propensa alla carità, suggestionata dalle richieste quanto mai inventate, salvo poi a essere più prudente. Ad esempio l'uso dei bambini a stendere le mani, a inseguirmi: poveri bambini erano proprio loro le vittime torturate da criminali, finti o veri genitori. Oppure quelli che cercavano collette per parenti ammalati o per se stessi colpiti da sciagure: ricordo che una volta si presentò nella mia classe un tizio con un foglio scritto e bollato da qualche Ente per chiedere denaro, ma io mi arrabbiai, giacché non volevo essere molestata durante le lezioni scolastiche da motivi non afferenti al mio lavoro. Eravamo all'inizio dei primi migranti asiatici. Il Dirigente di allora, in risposta alla mia protesta diede disposizione di vietare l'ingresso nelle aule a questuanti di qualsiasi natura. Addirittura, in seguito, si dovettero chiudere in orari prestabiliti, cancelli e portoni nelle scuole, a causa di intromissioni di soggetti ambigui; però si poteva suonare e farsi aprire per giustificati motivi.

Mia nonna paterna mi parlava, quando ero bambina, di 'facce ammucciate', di persone davvero povere che non chiedevano l'elemosina e si accontentavano di poco: queste, diceva lei, si dovevano aiutare, con discrezione, di nascosto, rispondendo al motto evangelico di Cristo, „non sappia la mano destra quello che fa la sinistra", cioè di non vantarsi, di non mostrarsi caritatevole per vanità, ma solo per buon cuore, per spirito di solidarietà verso chi ha bisogno. L'elemosina, ossia il piccolo aiuto economico verso il bisognoso, è stato sempre valutato come valore etico, nella cultura popolare tradizionale. Ma il problema, anzi l'interrogativo sulla sua efficacia si pone quando il 'bisognoso' resta tale per tutta la vita, quando ne fa un ideale da seguire, la povertà come status sociale di sopravvivenza. Nei catasti onciari del Settecento sono segnalati, accanto ai possidenti e a tutti i soggetti alle imposte statali, quelli che non devono pagare nulla perché elemosinanti. Ma anche molti frati di conventi e monasteri per secoli vissero di questue e di donazioni fatte da fedeli. C'è anche la dottrina detta 'pauperismo', che non prevede l'accattonaggio, ma una forma di vita condotta secondo poche necessità essenziali; di solito appartiene a piccole comunità, a soggetti rari, a popolazioni fuori dalla civiltà industriale. Il nomadismo dei cosiddetti zingari, presenti da secoli nei nostri territori - molti dei quali sono diventati stanziali – non credo che facciano parte né di comunità pauperistiche né di accattoni; erano capaci di lavorare il ferro, costruendo tripodi e padelle, di allevare animali, di indovinare la ventura a... pagamento.

Il meccanismo della comunicazione globale e le migrazioni hanno cambiato le concezioni del bisogno. La solidarietà verso le categorie sociali più deboli è diventato un valore etico nazionale in molti Stati: credo che per questo sia stato introdotto il 'Welfare State', nelle Amministrazioni italiane di tantissimi Comuni, per venire in soccorso di cittadini in particolari e momentanee situazioni di crisi economica. La povertà ha cambiato volto e gradi: si parla addirittura di 'soglia della povertà', si può anche vivere al di sotto della soglia di povertà! Tuttavia non riesco a rinunciare a esprimere in parte il mio dissenso: è giusto che lo Stato soccorra chi si trova in un periodo di bisogno, ma non deve tramutarsi in elemosina, altrimenti può generare un vizio, trasformare il bisognoso in un parassita; non parlo di invalidi, di malati, di disabili, che sono tutt'altro, parlo di gente giovane, capace, intelligente. La Costituzione al primo articolo afferma che la nostra Repubblica è fondata sul lavoro, quindi ogni cittadino deve svolgere attività utili a se stesso e alla società, retribuite o gratuite. Ci sono lavori socialmente utili, diversi, attinenti a studi e attitudini personali, attraverso i quali ognuno può dare il proprio contributo, aspettando ugualmente che arrivi la manna dal cielo e qualche lavoro più redditizio. Anche gli antichi dicevano che l'ozio genera i vizi. Certo, 'Lavorare stanca', per usare una famosa poesia di Cesare Pavese, che scrisse prima di essere costretto a soggiornare a Brancaleone, grazioso paesino allora sulla costa ionica calabrese, dove si annoiava, lontano dalla sua Torino e dalla operosità a cui era abituato!

In alcune monarchie del passato esisteva la figura dell'Elemosiniere tra i personaggi della corte reale, che non era un semplice funzionario: ad esempio, in Francia tale ruolo era ricoperto da ecclesiastici di rango, cardinali o vescovi, anche di famiglie di antica nobiltà. Ho letto che c'era l'elemosiniere pure in Casa Savoia, come c'è nella Città del Vaticano, ruolo ricoperto di solito da un cardinale, con compiti ben precisi nel fornire assistenza ai poveri in nome del Papa. Non hanno buttato né buttano le monetine, secondo usi tradizionali della beneficenza di ricchi aristocratici e principi quando si presentavano in piazze di paesi, in mezzo a miseri popolani... L'indigenza oggi, secondo le migliaia di casi offerti dalle cronache, non deriva da scarsa alimentazione soltanto, ma soprattutto da bollette di acqua, telefono, luce elettrica da pagare mensilmente o annualmente, dato che tali beni di cui godiamo, a cui siamo abituati, sono diventati una necessità vitale. Per le 'bollette' non si può chiedere l'elemosina, ma il sussidio, che è altra cosa.

Mi sono chiesta tante volte perché tante persone chiedono l'elemosina, pur disponendo del necessario per vivere e perché altri preferiscono vivere di 'carità' invece di lavorare. È forse una questione di retaggio secolare? È un modo truffaldino di sfruttare la bontà altrui? È supposizione ideologica di togliere un 'di più' a chi dispone di molto, quasi una forma distributiva alla pari di beni? È giusto dare il 'di più' a chi ha bisogno, ma ... essere fregati pure?! come è capitato a me più di una volta? anche se ciò può rientrare tra gli infiniti casi spiacevoli della quotidianità.

Tante volte, il gesto solidale verso lo sconosciuto o poco conosciuto, risponde al bisogno inconscio di ogni creatura di non abbandonare il proprio simile, di venirgli incontro secondo forme dettate dal proprio DNA millenario. Incontrarsi, riconoscersi, fermarsi un attimo: per analogia vado alle formiche, piccolissime e presenti talvolta a casa mia nelle forme più inopportune, che si avventurano, in fila o da sole, s'incontrano, si annusano e poi ognuno per la sua strada, in una ricerca infinita, in una veloce raccolta di briciole, sviando ostacoli e disinfestanti. Parlando con musulmani in qualche occasione, ho chiesto perché non si vergognano di chiedere l'elemosina: per i cristiani tale atto è solo fatto per necessità. Mi hanno risposto che chiedere l'elemosina non è peccato per loro, essi non impongono nulla: è solo una domanda a cui si può rispondere sì o no. Somiglia al regalo, spontaneo, senza pregiudizio, senza ricambio obbligato. Ricompensa? Soltanto un grazie e benedizione con espressioni rituali.

Mi viene in mente una forma particolare di ringraziamento da parte del beneficato, che si usava nel mio Sud di molti anni fa: quando qualcuna delle mie nonne o delle zie donava 'per carità' qualcosa a un indigente bisognoso, questi ringraziava con la seguente espressione: „... in suffragio all'anima di vostro padre, madre, o figlio...", citando il nome del defunto parente, magari morto da poco, aggiungendo „che Dio l'abbia in gloria, che finisca le pene del Purgatorio!" Il suffragio, quindi, veniva menzionato anche nelle forme di carità operativa, secondo la concezione delle 'indulgenze' predicate dalla chiesa cattolica; preghiere e opere buone riferite anche a salvare le anime dei morti, nell'oltretomba. Il grande mistero di vita e di morte è presente in ogni comportamento umano: il pane che nutre l'individuo terreno, idealmente 'salva' un'anima nell'infinito spazio. Forse è un tentativo di condividere sentimenti unici, ma presenti in tutti gli uomini, e donne, in tutte le categorie sociali.

La figlia femmina

La nostra cultura millenaria ci tramanda un divario tra i sessi non ancora colmato nell'era attuale che vanta, nelle nazioni civili, la realtà costituzionale della parità uomo/donna, o per meglio dire cittadino/cittadina, mentre la vita comune, le cronache giornaliere, le esperienze familiari ci comunicano divergenze di comportamenti in ogni campo, con prevalenza di poteri maschili, a iniziare dalla nascita: chi non ricorda, in base alle cronache di tutti i tempi, l'accoglienza festosa riservata ai neonati, mentre per le neonate era silenziosa, quasi ostile? Ancor peggio era per le discendenze reali, per la consolidata norma millenaria di re, faraoni, zar, dittatori al maschile: la nascita di una femmina poteva far traballare un trono... Anche nelle famiglie normali, la nascita ben accetta era del maschio, per la sua futura attività di lavoratore e di guerriero; invece la nascita della neonata era considerata un peso. Il lavoro femminile non aveva valore economico nella bilancia maschile. Nel Novecento tale bilancia si è modificata, è consentito l'accesso alle professioni di entrambi i sessi, ma i continui femminicidi provano che, tale bilancia nuova, non da tutti viene accettata: secondo calcoli recenti, in Italia viene uccisa una donna ogni tre giorni, e senza contare maltrattamenti, lesioni, ricatti.

Un secolo fa i femminicidi venivano 'edulcorati' come delitti d'onore! Mia nonna mi raccontava quando ero bambina di una gentildonna uccisa dal marito nella loro villa di campagna, per gelosia. Qualcuno si era permesso di lodarla forse troppo di fronte a lui, o c'erano altri problemi, finanziari o familiari, non tutto era chiaro. Lui aveva fatto la guerra, lasciando il proprio incarico di Sindaco, era tornato sano e salvo, aveva due bambine, un palazzo, diverse proprietà, poteva ambire ancora alla vita politica e amministrativa. Ho nella mente ancora una scena immaginaria, tramandata non so se dalla descrizione della nonna o dalla fantasia mia di bambina: di lei presso la giara intenta a riempire la bottiglia dell'olio e lui arrivato alle sue spalle con l'intento non di aiutarla, ma di strangolarla! Il ricordo richiama un'altra immagine, reale, che abbraccia una più ampia visione, di quando la bara con la salma della moglie venne portata dalla villa campestre al paese, per essere trasportata al cimitero. Ne seguì un movimento di protesta popolare. Era stata proibita dalle autorità la cerimonia funebre in chiesa, ma nuovi fermenti sociali animavano il circondario, le sopraffazioni erano mal digerite. Il pretore del tempo arringò la folla all'entrata del borgo, cercando di convincere il corteo a proseguire verso il cimitero, ma tutto continuò al contrario. Volarono parolacce offensive, qualche sparo di pistola – innocuo – e l'avvio verso la chiesa matrice per i funerali. Il popolo vinse sulle norme delle Autorità, ma quattro di essi subirono il processo, 'clamoroso', scrisse cinquant'anni dopo Vincenzo Zavaglia[9] e vennero condannati. Non fu invece condannato il marito, perché il reato ... non era reato, era soltanto un delitto d'onore! Tradizione e legge, quindi stabilivano che l'onore della donna, la sua dignità, non era esclusivamente sua, sua era soltanto la responsabilità – reale o fittizia (è noto che non sempre le cause si attribuivano all'onore macchiato) – e quindi la colpevolezza, meritevole di morte.

„L'onore si salva col sangue". Il resto era compito di avvocati e giudici dei tribunali, e ovviamente anche delle disponibilità finanziarie dell'uxoricida. Da quando il delitto d'onore è stato abolito e un maggior numero di donne si è opposta alle prepotenze maschili, sono aumentati i femminicidi. L'uxoricidio non è più ritenuto un reato contro la morale, bensì contro la persona, nella sua unità psicofisica, nell'avvenuta parità di genere sotto il profilo legale e giudiziario.

Mi sembra evidente una verità: l'istinto della violenza che non rispetta niente e nessuno, che spergiura ogni cultura, che travalica i confini della correttezza, è unanimemente condannato dall'opinione femminile.

Violenza e ignoranza sono i peggiori mali della società, a mio parere: tanti credono di esercitare il proprio potere sugli altri con la forza e con l'inganno, salvo poi a ritrattare il proprio operato ricorrendo a cavilli ingegnosi. Ne abbiamo esempi ogni giorno, a livelli alti e anche comuni. E non solo per giustificare reati sessuali e/o di aggressione d'ogni tipo (per droghe, pedofilia, schiavismo), ma anche riferiti a fatti largamente sociali, scaricando responsabilità, nascondendo la verità; a livelli bassi, comuni, ricorrendo a raccomanda-

[9]Vincenzo Zavaglia, *Mammola,* Frama's, Chiaravalle C.le (CZ), 1973.

zioni per ottenere favori, a salti della fila per scalzare altri aventi diritto, a vanterie o lamentele spropositate.

È vero, nei secoli passati la figlia femmina era spesso succube del potere decisionale del *pater familias,* un bene capitale da usare opportunamente, per combinare matrimoni, per i lavori domestici, per farle monache (anche monache di casa) e mantenere intatto il patrimonio familiare. L'esempio più noto è dato dalla Monaca di Monza, dei Promessi Sposi di Alessandro Manzoni: il patrimonio familiare era destinato al figlio maschio, mentre le femmine ne erano esenti e quindi dovevano entrare in qualche convento. Il comportamento cambiava nei casi di eventuali ereditiere in famiglie agiate e feudali, in famiglie regnanti, nelle quali pure le donne esercitavano potere politico, sia pure in secondo piano per non sottovalutare quello maschile. Baronesse, contesse e simili, portavano in dote titolo e feudo, pertanto erano supervalutate e ambite come spose.

Mi viene in mente Elisabetta Farnese, moglie di Filippo V imperatore di Spagna e madre di Carlo III di Borbone che lei riuscì a collocare re a Napoli: donna intelligentissima, indirizzava le carriere dei figli, capiva la 'ragion di stato' del suo tempo, esercitando relazioni e scelte opportune meglio di altri sovrani, ma rimaneva sempre a un gradino inferiore, nell'opinione comune. Scrisse numerosissime lettere: ne ho letto qualcuna indirizzata a Carlo III, premurosa senz'altro nei confronti del figlio, ma non come mamma apprensiva, bensì come consigliera autorevole, proponente di buoni uffici e di dirigenti validi, per alimentare il prestigio di re, di fronte al popolo meridionale italiano.

Purtroppo qui vedo una grande differenza, tra donne italiane divenute regine e altre donne europee pure regine. Nel Settecento Maria Teresa d'Austria, grazie alla Prammatica Sanzione del padre Carlo VI, poté governare con pieni poteri e con successo in tutto l'Impero austro ungarico: lei rese obbligatorie le scuole elementari per le bambine! Altrettanto esemplari furono Caterina II di Russia nel '700 ed Elisabetta I d'Inghilterra nel '600; invece nel Regno di Napoli l'unica, effettiva, regina, la regina Giovanna nel '400 venne soprannominata „la pazza" – ma non è chiara la verità – e nessun'altra dopo di lei nei secoli seguenti divenne per diritto di successione regina in uno dei tanti Stati italiani, se si eccettua Maria Luisa d'Austria, già moglie di Napoleone, divenuta duchessa di Parma e Piacenza per le decisioni del Congresso di Vienna del 1815. Tutto ciò dimostra che in Italia e forse in tutti gli Stati cattolici, le donne contavano, sì, come valore economico e politico, ma non per prevaricare sugli uomini.

La Chiesa è stata sempre contraria al sacerdozio femminile, considerato retaggio del paganesimo precedente: portò avanti la favola della donna creata da Dio da una costola di Adamo e di Eva colpevole per aver mangiato la mela. Pertanto la donna doveva stare sottoposta, obbedire, portare il peso della maternità, riscattarsi con sacrifici, superando il peccato originale... L'ideale femminile ha così fatto un'icona della madre premurosa e attiva, della sposa fedele, della esecutrice di doveri in una società maschilista. Forse il cosiddetto *mammismo* deriva da azioni secolari tramandate da una generazione all'altra, della madre che favorisce i figli e non le figlie, perché è il maschio che fa la guerra, che tramanda il proprio cognome ai figli, che diventa sacerdote, che zappa la terra, che esercita la 'patria potestas', che dirige navi e uffici professionali: è stato così sempre, o mi sbaglio?! Donne, a comandare nel governo statale, solo in casi eccezionali, se vedove oppure come madri di 're-bambini'... Spesso lo si è definito potere-ombra, oppure eminenza grigia, cortigianeria, influenza negativa, azione di plagio. Sorvolo su casi specifici che la storia ci tramanda in abbondanza, ma mi piace citare un fatto, un ricordo della mia esperienza.

A Locri, città dell'antica Magnagrecia, era Persefone la dea più venerata e sapevo della diceria popolare dell'esistenza del matriarcato nella Locri del Novecento, ma non per altri paesi. Da che cosa scaturiva tale ipotesi di esistenza di una tradizione matriarcale in Calabria e altrove? Era la dote in beni immobili, mi fu detto. Proprio così. In molti territori meridionali i genitori benestanti donavano la casa e terreni, assieme al corredo e in relazione alle proprie possibilità, a ciascuna figlia, quando si sposava. Ho letto un'infinità di atti notarili dei secoli passati in cui venivano elencati i beni in dotazione. Infatti, a mia madre, alle mie zie, nonne e parenti varie vennero intestate le abitazioni da spose; ma toccava agli sposi l'arredamento e il mantenimento della famiglia in formazione: nel Catasto Onciario di ogni Comune del Regno di Napoli nel Settecento, i capifamiglia dichiaravano a nome proprio i beni della moglie, a significare però la gestione patriarcale di tutto. Secondo me, era forte il senso della 'proprietà', del possesso che garantiva una stabilità economica: la figlia femmina, con il potere rappresentato dalla 'dote' – in fondo la stabilità, la sicurezza, il decoro sociale – quando tutto andava bene. Anche la figlia 'monaca' rappresentava un capitale per la famiglia d'origine, sia se si chiudeva in convento, sia se stava zitella divenendo 'monaca di casa', una 'bizzoca', come era scritto in documenti di tre secoli fa: poteva disporre di beni personali. Sacerdoti o monache, i loro beni erano solo un capitale fermo, da far fruttare, ma non da vendere, quasi una specie di usufrutto, giacché alla loro morte doveva passare agli eredi della famiglia!

E senza contare il vantaggio della bizzoca in casa, con numerosi fratelli e sorelle da accudire per tutta la vita, senza ricevere nulla in cambio... Mi spiace soltanto che non avessero libri da leggere in famiglia! Invece in convento era obbligatoria una modesta istruzione.

La gelosia

Non avevo mai visto piangere mia madre, anche se talvolta, fingendo di asciugarsi il naso si copriva fino agli occhi con un grande fazzoletto bianco: fazzoletto e non fazzolettino come pochi anni dopo, quando si diffuse la moda del ricamo fine, con trine, in un angolo, secondo un'antica moda barocca di oggetto di lusso. I fazzoletti popolari dell'epoca, invece, erano di tela fine o di lino, col punto a giorno tutt'intorno, simili a quelli maschili.

Tornando dalla scuola elementare, la trovai a letto, amareggiata al massimo, che non riusciva a trattenere le lacrime. Pensai subito che mio padre, all'ospedale di Chiavenna da giorni, fosse peggiorato. No, non era peggiorato, stava meglio, l'avevano sistemato in camerata e non più in una stanzetta piccola dove era stato isolato e curato in modo specifico.

„E allora perché piangi?!" Non mi voleva rivelare il motivo vero; incominciai a piangere accanto a lei, in mezzo al letto, e a fare domande in continuazione, finché mi disse che mio padre guardava e sorrideva sempre parlando con una infermiera giovane, e non aveva occhi che per lei. A nove anni, che capivo io di gelosia? Mia madre temeva che poi, una volta guarito, se ne andasse con quella infermiera che parlava così bene. „Non andrò a scuola uno di questi giorni, verrò con te in ospedale. Ora che sta meglio, papà mi parlerà", le dissi.

Stabilimmo il viaggio per il giorno seguente; era forse passata una settimana o due da quando avevo fatto un cammino a piedi di quattro chilometri, lungo i quali avevo ammirato lunghi candelotti di ghiaccio pendenti da rami e da alti cespugli ai bordi della strada, testimoni silenziosi di basse temperature notturne, da me mai visti prima d'allora, giù nella mia terra, nella Calabria ionica, dove al massimo avrei potuto notare solo una lastra ghiacciata di primo mattino su una bacinella d'acqua abbandonata alla finestra durante la notte, non le lucide 'stalattiti' che ammiravo in quella mattina d'aprile, così lontana oggi per me. A scuola avevo saputo delle consultazioni elettorali per il primo Parlamento italiano, nulla di più, i miei genitori non votavano: la malattia di mio padre era l'unico centro di discorsi in famiglia e fu anche forse la decisiva per non cambiare residenza.

Dopo alcuni mesi ritornammo giù, in fondo alla Penisola, in paese, dove voci sulla gelosia e sulle sue conseguenze erano argomento comune soprattutto quella maschile. Poco più giù da casa mia c'era un barbiere, noto per la gelosia morbosa che nutriva verso la moglie. Alla luce delle riflessioni odierne, non so se la sua gelosia era di forma possessiva e oltraggiosa, oppure pretenziosa, quale minaccia per eventuali attentatori alla bellezza della moglie, sola in casa per le lunghe ore del giorno: infatti, la barberia – una delle più rinomate in un paese di dodici mila abitanti – non era sotto casa sua, ma nella piazza principale, ben distante dall'abitazione posta molto in basso. Mio padre ci andava ogni quindici giorni solo per tagliarsi i capelli, non per la barba che radeva personalmente col proprio rasoio; ma ci passava spesso per salutare, come cliente affezionato: e solo i clienti affezionati ogni Natale ricevevano dal barbiere *Carrera* un omaggio. Quell'anno lo ammirai anch'io, ne sentii il profumo intrigante, acuto, che sprigionava dalla locandina piegata col filo dorato che l'avvolgeva, che fuoriusciva col fiocchettino; ammirai anche la ballerina dell'interno, immagine vietata alle comuni mortali, per la sensualità che traspariva dal vestito sontuoso. Mio padre la teneva nel portafoglio, all'inizio! Poi la mise nel cassetto del tavolino.

„Essere gelosi delle proprie cose" è un detto ricorrente, ma forse alla base stessa del principio di proprietà. Il riconoscimento dell'identità personale include anche ciò che si possiede, non solo interiormente, ma pure esteriormente, secondo una formula espressa forse da un filosofo economista oppure di derivazione feudale, „io sono quello che ho, sono ciò che possiedo." Quali sono le brevi dichiarazioni di due innamorati, oltre i „ti amo"? „Sono tua, sono tuo." Essere nell'animo, nel cuore di una persona ha un significato grandioso, onnicomprensivo. Quando erano gli uomini i soli a guidare le macchine, si diceva che loro erano gelosi all'eccesso della propria automobile, tanto che „avrebbero prestato all'amico la moglie, e non l'automobile!"

La gelosia fu ed è ancora causa di reati, sia essa di natura ossessiva, sia essa pretesto di litigio e di odio. Un marito geloso uccide il vero o presunto amante della moglie, oppure viene ucciso durante una lite: è 'cavalleria rusticana' o è un residuo del tradizionale 'duello d'onore'?

L'altro giorno al telefono, un mia cugina che vive in Piemonte da parecchi lustri, mi ricordò una vicenda di quando eravamo ragazze, una vicenda che mise lo scompiglio in due famiglie. „Ricordi? Tornavamo da Gallinaro (l'antico Kellerano dove visse da romito San Nicodemo di Mammola), e quando arrivammo alla Piazzetta, sentimmo la voce ripetuta che avevano ucciso a uno di 'Notti'. Sì, era il figlio della mia vicina di casa, comare Giannamaria, e del marito, compare Virgore." Li chiamavamo così, non so per quale antico comparaggio oppure per usanza. Avrei saputo dopo tanti anni le vicende di *Cavalleria Rusticana*, sia del racconto di Verga, sia dell'opera lirica di Pietro Mascagni, avrei letto negli anni universitari *I Malavoglia*, con Turi che affronta in duello il suo avversario e poi finisce in carcere. In questa specie di cavalleria rusticana locale, il 'marito', cioè il figlio della mia vicina, affronta il presunto avversario imponendogli di non molestare sua moglie: non uccide, ma viene ucciso!

Si parlò molto della 'donna' quale causa di guai, soprattutto delle chiacchiere femminili, se è giusto o no tenere segreti, come essere prudenti senza rovinarsi con le proprie mani. La giovane moglie faceva spesso lo stesso tragitto per trasportare ricotte fresche da essere vendute. Un giovanotto la importunava e lei pensò di avvertire il marito, in modo che la proteggesse: questa la versione che ricordo. So che ci fu un lungo processo, costato molto ai genitori dell'ucciso, che perdettero pure la casa donata al figlio. La nuora si risposò dopo qualche anno: il dolore non dura eterno! O almeno non lo è per tutti.

Un pizzico di gelosia è come un peperoncino sugli spaghetti al sugo di pomodoro, piccante sì, ma digeribile assieme agli altri bocconi. Può anche essere magari una specie di avvisaglia inconscia che stimola osservazioni accurate, che ci avvista di un pericolo imminente o meno; la gelosia del partner è segno di premura verso di noi, di attenzione su piccole cose probabilmente nocive, ma nulla di più; forse è la stessa paura di una madre alle prese con i primi passi del bimbo, che affronta l'avventura della deambulazione.

Troppa gelosia diventa ossessione, pericolosa. Quante povere donne sono state chiuse in casa da mariti, padri, compagni, fratelli, con la scusa della gelosia! Come se la 'grande bellezza', non del film da Oscar di Paolo Sorrentino, ma di una donna sia tale da dover essere salvaguardata quale oggetto fragile durante un trasporto – in questo caso il trasporto della vita stessa – non come un essere autonomo, dinamico, capace di fuggire i pericoli. Oggi si discute sulla 'sicurezza' della società, e io penso pure alla sicurezza individuale, verso cui deve essere educato ogni bambino, ogni bambina. Sin da piccoli è necessaria la sicurezza delle proprie abilità e dei modi da superare o evitare i pericoli, senza spavalderie, ma con sagge intuizioni, abituando alla responsabilità personale, al concetto dell'importanza delle nostre azioni, a livello anche sociale. Il senso della sicurezza si fortifica con l'esperienza: i fatti reali, concreti, insegnano sempre qualcosa, sia positivi, sia negativi. Un mio ex alunno dodicenne un giorno venne a scuola tutto felice, indicando le chiavi di casa che pendevano dalla sua cintura: i genitori lo avevano ritenuto maturo e affidabile consegnandogli il simbolo di una grande responsabilità; invece un'altra mia ex alunna soffriva per la gelosia del padre che non le permetteva di passeggiare con nessuna compagna e nemmeno di tornare a casa da sola uscendo da scuola: il padre ve la portava, il padre veniva a riprenderla, sempre alla stessa ora.

La gelosia tradizionale era legata a un maschilista senso dell'onore e alla paura delle *corna*...

Il termine 'cornuto' è usato come esclamazione offensiva, è un termine volgare, ma nel passato poteva nascondere un significato più incisivo, che talvolta scatenava impeti di vendetta in animi focosi. Invece nelle donne, la gelosia poteva portare a comportamenti isterici o alla depressione. Grazie alle leggi ottenute col grande impegno delle donne in un passato piuttosto recente, sulla parità di genere e sullo scioglimento del matrimonio, oltre che sui reati di stalking, oggi sono più facili le separazioni legali e i divorzi: finalmente è riconosciuta l'integrità della persona umana. La gelosia che diventa persecuzione è un reato, non è più un atteggiamento da sopportare, ma da denunciare.

Può la gelosia diminuire invecchiando? „Vizio e natura fino a sepoltura", recita un detto popolare: ma qui l'analisi psicologica potrebbe spiegare le infinite variabili dei comportamenti umani, giacché a mio parere interferiscono tra loro, in alcuni soggetti, sogno e realtà, visione inconscia e raziocinio, insomma un lavorio del cervello che porta a soluzioni spesso spiacevoli; altrimenti non mi spiego fatti tragici, come ad esempio uno successo a Siderno molti anni fa, di un pensionato di 77 anni che uccise la moglie di 74 anni per '*gelosia*', così disse sempre lui! Il figlio, che ho conosciuto, una persona perbene, laboriosa, non volle mai perdonare il padre, per tale reato, per tale indegnità commessa: voleva difendere la memoria della madre onesta e giudiziosa.

Habitat

Parole ed espressioni latine fanno parte del nostro linguaggio, comune e dotto, da molto tempo; personalmente, forse a causa della mia cultura di base, le preferisco ai neologismi inglesi (molto graditi agli adolescenti cresciuti nell'era delle comunicazioni in '*rete*', cioè in *web*) che uso per lo stretto necessario. Questo termine, *habitat*, mi ronza nel cervello da giorni, dopo aver mangiato con gusto poche ciliegie raccolte da un albero non del mio orto sotto casa, bensì di una mia proprietà di campagna, posta in collina, a 400 metri d'altitudine e a oltre 20 km da qui. Sognavo, anni fa, di ricreare accanto all'abitazione nuova, nella piccola città in cui vivo, un angolo della 'mia' campagna, piantando il ciliegio, il pesco, l'arancio, il mandarino, il melograno, le rose, i narcisi, e altri che non sto a elencare, ma ho dovuto constatare che non tutte le piante scelte da me e mio marito, nonostante le cure, gradivano il mio terreno, la luce e il clima intorno.

Insomma, alcune sopravvissero, altri no.

Il ciliegio comprato al mercato, già innestato, piantato alla debita distanza dal muro di recinzione, crebbe, si fece alto, fiorì per tre o quattro anni, era bello vederlo: ma le ovaie dei fiori non ingrossavano mai, nessuna ciliegia annunciò la propria esistenza agli occhi di chi guardava. Ne parlai con colleghi del luogo, col fruttivendolo abituale; forse sarebbe bastato osservare intorno, in altri orti e giardini: nessun ciliegio in vista, solo agrumi, nespoli, olivi, palme, per lo più.

L'habitat del ciliegio era in collina, non in pianura, a pochi metri dal mare!

L'habitat non è un ambiente generico, ma specifico, e ogni pianta, ogni animale, ha il suo. La natura ha le sue leggi, le sue influenze: ogni creatura deve adeguarsi ad essa, o ricrearla alle stesse condizioni; gli agricoltori hanno cercato di imitarla costruendo le '*serre*', producendo nuovi innesti, supportando la crescita con fertilizzanti. Grazie alle serre, abbiamo ortaggi freschi tutto l'anno, ma non è lo stesso per gli alberi, finora: cambierà la vita anche per loro fra qualche secolo? La cementificazione e l'inquinamento avanzano a ritmo crescente in alcuni luoghi, a scapito della vegetazione: forse si arriverà a creare luoghi di protezione per piante a rischio di estinzione, come sta succedendo ad alcuni animali per i quali si sono attuate ad hoc delle aree protette.

In Calabria, molti anni fa, hanno immesso in località montane cinghiali, lupi, lepri, tortore, che stavano scomparendo, hanno tentato di introdurre cervi, daini e non so che altri animali per acclimatarli e ambientarli proprio nei boschi della Sila, tra i pini 'giganti' di Filastrò, che io stessa vidi durante un viaggio d'istruzione scolastica insieme con giovani studenti.

Anche il Parco Aspromonte istituito anni fa, con la sua 'Porta' simbolica che rientra nel territorio di Mammola, ha il fine ideale di conservare l'habitat esistente per garantire vegetazione e vita ad animali, a piante speciali, uniche, che solo qui da secoli nascono, vivono, si riproducono; non sono soltanto i componenti della macchia mediterranea, ma pure alcune colture particolari, erbe selvatiche rare, piante officinali spontanee, cespugli e funghi del sottobosco. Si cerca di preservare e di rendere fruibili ambienti naturali che hanno una loro storia per la cultura del luogo. Il ciliegio di cui sopra, rientra in tale area.

L'habitat è importante pure per noi esseri umani? O siamo capaci di adattarci all'ambiente più di tutti gli altri esseri? O ancora, è l'ambiente a formarci? È ovvio, nessuna obiezione riguardo all'habitat favorevole: il problema si pone se c'è il disagio e se questo è superabile. L'umanità ha fatto fronte a tanti disagi creando infrastrutture sostenibili e creandone in continuazione, come è noto, ma gli animali? le piante? Immagini recenti si sono viste, curiose, strane: cinghiali alla ricerca di cibo per le vie di Roma, tra le immondizie sparse in alcuni luoghi simili a discariche. Ma anche gli orsi di zone nordiche si avvicinano alle abitazioni, talvolta, e anche i leoni di alcune zone africane, suscitando paure tra i residenti: la fame spinge gli animali verso la ricerca di cibo in luoghi più propizi, inusuali, quando il proprio territorio residenziale non soddisfa i bisogni vitali. Pertanto ogni habitat può subire modificazioni, momentanee o durature. Il guaio è che a rovinare l'ambiente contribuisce soprattutto il genere umano che incendia, distrugge, taglia, sporca, sparge veleni in modo irresponsabile, senza il rispetto dovuto a chi ci consente di vivere in salute. Assistiamo così a luoghi che si abbandonano, che inaridiscono, e ad altri che si incrementano.

Le 'migrazioni' sono un dato costante: forse, rappresentano il sogno di un habitat più favorevole rispetto a quello di residenza non solo per gli animali, ma anche per gli esseri umani, e causano cambiamenti e adattamenti in tutto il pianeta.

Sopravvivenza e sviluppo sono interconnessi. Numerose teorie si sono succedute e si commentano tuttora, legate alla fisiocrazia, al mercato globale, alle risorse del territorio e al suo sfruttamento, allo sviluppo sostenibile, al riciclaggio dei rifiuti, all'emissione di gas tossici e allo smaltimento dei residui tossici di alcune industrie. L'habitat di qualsiasi territorio deve fare i conti in ogni caso con tali condizionamenti, trovando le soluzioni utili, e ciò riguarda tutti, noi e gli esseri terrestri soggetti al *divenire*, come diceva l'antico filosofo Eraclito, e non restare immutati, ma trasformare e trasformarsi continuamente. Ciò ci rimanda all'evoluzione, che è un concetto scientifico, oltre che filosofico, si riferisce all'astronomia e a tutte le specie viventi. Non ci basta più un qualsiasi habitat tradizionale per vivere, come fanno le rondini che ritornano in luoghi e nidi familiari, lo vogliamo funzionale ai nostri bisogni, godibile, che ci costi minor fatica, che abbia un alto grado di vivibilità.

L'ambiente ci forma e noi formiamo l'ambiente: trent'anni fa usavo la macchina da scrivere, oggi uso il computer; il coronavirus ha costretto gli alunni alle lezioni in DAD e non tra i banchi scolastici. Non ci bastano le sole comodità artificiali, o i soli beni naturali per soddisfarci: l'habitat per noi, specie più evoluta tra tutti gli esseri della terra, è molto complesso, abbiamo svariati bisogni.

Amiamo vivere in città, andiamo in gita in montagna, o viceversa. Gli alberi sono una parte fondamentale del nostro vissuto e per conoscere alcuni animali portiamo i figli allo zoo; continuando così, forse fra qualche anno, dovranno andare allo zoo pure per vedere animali ... domestici!

L'eccesso di smog ci porta a rivedere la presenza vegetale tra le aree urbane e l'uso di automezzi meno inquinanti: in parecchi Stati la legislazione prevede un Ministero dell'Ambiente o simile, vista l'importanza di salvaguardare la vita della natura, noi compresi, considerati spesso artefici di distruzione. Spesso, purtroppo, le esigenze innovative cozzano con le distruttive: si costruiscono palazzi, si danneggiano paesaggi. Oppure si impiantano stabilimenti industriali e si inquinano le aree circostanti. Su tali contrasti esistono esempi a tutti i livelli, al Sud come al Nord dell'Italia.

La coesistenza nello stesso habitat di fattori positivi e negativi sarà il nodo da sciogliere per le generazioni più giovani. Tuttavia, un po' di nostalgia alberga nell'animo per cose del passato, distrutte dall'incuria umana, abbandonate al declino, impossibili da recuperare: le innovazioni prendono il sopravvento, nulla si ferma, come la natura che si evolve, cambia, costruisce, modifica, per cui anche l'habitat può essere diverso non solo a causa del progresso della civiltà, ma anche diversificato in base alle stagioni climatiche e alle risorse del territorio.

Penso all'epoca preistorica in cui si formarono i deserti africani – la presenza di idrocarburi sottoterra è testimonianza di foreste fossilizzate – e così comunità umane e animali si spinsero sempre più verso le zone temperate, e poi verso le artiche. Stiamo vivendo una fase climatica di innalzamento della temperatura terrestre: hanno cominciato a sciogliersi ghiacciai eterni, non solo sulle alte cime dei nostri monti, ma anche nelle zone polari, con iceberg che vagano e si sciolgono nei mari.

Inferiorità

George Sand ed Emily Lowe, nell'Ottocento, sono tra quelle che hanno anticipato il concetto di 'parità di genere' odierno: l'una per la moda, da anticonformista, indossando i pantaloni, che erano l'indumento maschile per eccellenza; l'altra, conseguendo la patente nautica e comandando una nave di 350 tonnellate. Non soffrivano, entrambe, del cosiddetto complesso di inferiorità di cui hanno sofferto e ancora continuano a soffrire parecchie donne. La loro fu una sfida, ma non totale. George si vestì da uomo per comodità, per fruire di alcuni vantaggi di libertà tradizionalmente maschili, ma scelse un nome diverso dal proprio, e maschile, come scrittrice. Emily pubblicò i propri scritti col suo vero nome, ma non ebbe successo in Inghilterra per i suoi racconti di viaggi come avveniva per altri scrittori al maschile. Forse sarebbe stato meglio pure per lei mascolinizzare il nome, per avere più successo: invece scelse di dimostrare nella realtà la sua forza, senza ricorrere a protezioni tipiche del tempo, sia guidando lei stessa uno yacht – prima donna inglese col diploma di capitano di nave, come già detto – sia affrontando un viaggio in Calabria senza scorta, senza guardie private che la accompagnassero.

In *Donne indifese in Calabria* Emily Lowe non scrive il diario di bordo, magari costeggiando con la sua nave da diporto gli ottocento chilometri dei litorali calabresi, ma il racconto di un viaggio compiuto con la madre all'interno di alcune località, tra cui Reggio, Scilla, Palmi, Tiriolo, Catanzaro,

Cosenza, Paola: da qui, in ultimo, il 'vapore', cioè la nave che le avrebbe ricondotte a Napoli. Madre e figlia, due lady inglesi, in un anno anteriore al 1859 (anno di pubblicazione del racconto di viaggio tra Sicilia e Calabria), con un solo bagaglio in mano, qualche lettera di raccomandazione, un gruzzolo di sterline, bell'aspetto, capacità relazionali, affrontano da pioniere straniere i 'selvaggi' ambienti delle terre bruzie... Nessun brigante, durante il loro percorso: solo qualche racconto brigantesco. Case misere, sì, ma gente spesso ospitale, pur vivendo da '*incivile*': così venivano definite le comunità contadine, analfabete, distanti dai centri urbani 'civili'. Nessuno defrauda la Milady madre o la milady figlia, anzi ricevono complimenti e qualche sonetto d'occasione. Non si sentono deboli perché indifese: hanno coraggio da vendere, hanno rifiutato la scorta militare. È vero che durante il viaggio nella carrozza pubblica c'è qualche gendarme per sicurezza, ma di assalti e sequestri di persone Emily ascolta e riferisce solo dicerie.

Perché riferisco a mia volta tutto questo?! Credo per il termine 'indifese' attribuito a donne, tradotto dall'inglese '*unprotected*', che poi dovrebbe corrispondere al significato che diamo al termine 'emancipato', cioè non sottomesso a regole antiche; inoltre 'indifeso' può essere accostato a inferiore, quindi fragile, bisognoso di protezione, di vigilanza. Arriviamo anche a Sigmund Freud e al complesso di inferiorità, per lo più tipico di adolescenti, di donne depresse, non solo riferite al passato che disconosceva le potenzialità femminili, ma anche ai nostri tempi in cui fragilità sopravvivono all'avvenuta emancipazione femminile.

Ma non è più la selvatichezza, la inciviltà delle popolazioni a fare paura a 'donne indifese', secondo me: oggi, fa più paura una specie di civiltà tecnologica. Mi riferisco a taluni *social* che su internet si accaniscono con foto e ingiurie contro individui fragili, a sfruttatori che ricattano vittime occasionali, a mariti-compagni d'indole schiavista che si comportano da persecutori o assassini, a padri-padroni senza scrupoli e anche a madri *casinare* senza pudore. È fondamentale la costruzione dell'autostima, ma senza esagerare con la presunzione. Nella vecchia concezione maschilista e feudale, il 'maschio' costruiva il proprio potere – fisico sessuale sociale politico finanziario morale – mentre la donna era a lui sottomessa, anche se responsabile all'interno del proprio gineceo, ad eccezione delle regine come capi di Stato, pochissime, per la verità. Accanto alle regine anche donne della nobiltà storica hanno assunto forme di comando giungendo a una quasi parità di genere: mi viene in mente il 'rispetto' riservato a donne di alto rango presso le nostre popolazioni, con forme di saluto di devozione, di obbedienza riservato a donne particolari, allo stesso modo che agli uomini. Ne deriva che l'autorità di una persona dipende dal potere reale o presunto che le viene attribuito: da cui alcune espressioni tipiche popolari, „ha le palle", „porta i pantaloni" „ha un pugno di ferro", „ha sale in zucca", „ha l'arma in pugno", „guai a chi lo/la tocca!", e potrei continuare.

Olimpe De Gouge, ai tempi della rivoluzione francese, sulla scia della Dichiarazione dei diritti del cittadino aveva proposto pure una Dichiarazione sui diritti delle cittadine, ma sappiamo quale fine fece tale dichiarazione, passò nel dimenticatoio più totale!

C'era un gioco, volgare, in uso tra i bevitori nelle bettole di una volta, ma pure in alcune famiglie, per far circolare i bicchieri di vino: *„patruni e sutta"*, cioè del padrone e del suo sottomesso. Non erano sudditi del re, i cittadini di uno Stato, ai tempi delle monarchie non costituzionali? Non erano i 'negrieri', i commercianti di schiavi che sequestravano africani per venderli nei mercati? Anche le guerre hanno sempre avuto vincitori e vinti, 'patruni' e 'sutta' di ogni genere. „Il mondo è fatto a scale: chi le scende, chi le sale", dice un vecchio proverbio per indicare successi e insuccessi di ogni categoria sociale. Inferiore, in lingua latina indica un grado rispetto a un altro, non un valore assoluto, non è basso, non è infimo: è un comparativo, quindi è in una posizione relativa a quella di un altro. Su tale concetto si sono posizionati i ceti sociali.

È meglio essere gli ultimi tra i primi, oppure i primi tra gli ultimi? Questo era un interrogativo di scelta nella vita quando si sudava per ottenere un risultato 'superiore'. Quanto è alto il gradino che separa chi si trova a quello inferiore rispetto a chi è in quello superiore? La 'sostanza' effettiva del concetto di inferiorità si misura proprio nella distanza di due gradini: chi è gravemente malato non riesce a salire nemmeno il gradino di cinque centimetri, mentre chi è sano e capace lo salta pure da un metro!

Libertà

La libertà esiste, la si può misurare, oppure è un'astrazione, una delle tante relatività dell'universo umano e spaziale?! Esistono i doveri, i costumi sociali, le restrizioni, i limiti, le possibilità: la libertà è un condizionale, dipende da un 'se' ipotetico. O forse è un 'post', un qualcosa che si apprezza dopo la fine di una costrizione? Abbiamo sognato la libertà dai governi dispotici, dalle dittature, dalle persecuzioni, dalla fame; ci siamo consolati ogni volta che abbiamo realizzato un obiettivo, o che altri ci hanno consentito di realizzarlo.

I liberti romani antichi erano servi liberati: il termine *liber* latino ha due significati, lo sappiamo: può significare 'libero' (da *liber-libera-liberum*), oppure 'libro' (da *liber-libri*). I servi erano iscritti nel 'libro' del padrone? Oppure erano i 'liberti' a essere inseriti poi nell'elenco dei cittadini della '*civitas*'? A me piace questa comune radice etimologica perché mi fa pensare al valore della parola scritta, quindi del 'libro', la massima espressione del sapere umano.

Gli adolescenti sognano la libertà, nelle forme di contrasto ideologico coi propri genitori, sognano di amare la persona scelta da loro, di vivere nella gioia, di assaporare le novità. Tutto ciò rientra nell'iter normale di ognuno, ma nel concreto le soluzioni non sempre sono soddisfacenti. Da ragazza anch'io ho impiegato tre anni a convincere mia madre a iscrivermi all'Università. E poi, quante restrizioni! Dover sottostare a orari di treni e di pullman, non poter frequentare regolarmente le lezioni, temere *avance* da sconosciuti, individuare e sfuggire i pericoli, sopportare le critiche, eccetera, eccetera. La libertà per una donna, allora e oggi, è simile a un gioiello che si conserva in cassaforte. Lo si indossa raramente, in momenti brevi e significativi. Lo indossai, il mio, anche quando decisi di pubblicare il mio primo libro, forse anche quando aiutai economicamente un mio figlio in difficoltà, per un motivo particolare e in modo superiore alle mie forze. Il senso di libertà ha una radice interiore, legata all'indipendenza da altri soggetti, una luce che illumina un buio costante e opprimente della vita intorno a un individuo.

„La libertà non è pane", rispose il contadino siciliano Carmelo nel libro di Giulio Cesare Abba *Da Quarto al Volturno*, nel 1860, a chi gli disse che i garibaldini portavano la libertà, la libertà dai Borboni. Carmelo non pensava affatto al tipo di politica esercitata da Francesco II di Borbone, ma al 'pane' che doveva procurare per i suoi figli, lavorando duramente. Giacché la libertà è anche dalla fame, dalla miseria, dalla malattia.

Penso alla donna incinta, che porta dentro di sé il '*dolce*' peso, per tanti mesi: verso la fine, non vede l'ora di 'liberarsi', di partorire, di 'sgravare' che è un termine popolare riferito alla donna che ha partorito da poco. Si dice che alla donna è concessa legalmente la facoltà di scegliere, a certe condizioni, di portare avanti la gravidanza oppure di interromperla: ma è davvero una libertà di scelta? Chi sceglie di abortire, secondo me, è 'costretta', avrebbe preferito non farsi ingravidare, invece di subirne le conseguenze. Mi vengono in mente le suore bosniache violentate, durante i conflitti nell'ex Iugoslavia degli Anni Novanta scorsi, che soffrivano tanto, anche per la scelta dell'aborto; allora insegnavo in una scuola Superiore della mia città, trattavo con i giovani studenti temi attuali, giornali e riviste erano fonti di notizie e di riflessione, loro esprimevano le proprie riflessioni. Adesso forse discutono nelle aule scolastiche sui 'talebani' dell'Afghanistan, sui migranti clandestini, sulla pandemia da covid 19, sulle ultime notizie di conflitti bellici scatenati da uomini di potere, non da madri di soldati di leva!

Nelle guerre, nelle faide, nelle azioni vendicative, nei ricatti, sono le donne davvero il 'sesso debole', le vittime designate alla persecuzione, colte di sorpresa e disarmate, quindi soggette alla forza altrui.

Nell'uso della libertà personale, si va alla scelta del meno peggio, del più conveniente, del moralmente corretto, dell'utopia perseguibile. Ho davanti agli occhi l'immagine della bimba di Kabul sorretta e spinta dalla madre verso una salvezza probabile. Come? Lanciandola oltre il filo spinato della barriera dell'aeroporto! La disperazione di una madre giunge a rimedi estremi, oggi come ieri: chi li deposita su una nave, chi su un muro di confine, chi dentro un pacco tra frutta o lavatrici di tir internazionali, o come per Mosè – secondo il racconto biblico – in un cesto alla deriva nelle acque del fiume Nilo.

Meno aleatorio forse era il destino di neonati collocati nella 'ruota' di conventi e monasteri da chi non li poteva crescere, nei secoli passati, poi registrati con nomi di fantasia; li troviamo negli archivi sotto il nome di '*proietti*', '*spurii*', 'di *NN*', '*mulacchjuni*', destinati all'adozione. Si è liberi di 'nascere', di uscire dal grembo materno, ma non autonomi nella crescita, né di scegliersi i genitori; forse una scelta a 'occhio', a empatia inconscia può verificarsi nel caso di figli adottivi.

Mi viene in mente un caso realmente accaduto a un'amica di mia madre, che ho conosciuta in seguito perché mi attraeva la dote occulta di lei, per cui era conosciuta e stimata: la capacità di '*spumicare*', cioè di togliere il malocchio a una persona, senza farsi pagare. Per noi era ed è una donna dolce, che ispirava simpatia (non so se vive ancora), era sposata, senza figli per tanti anni; un giorno col marito si recarono da una loro comare, non so in campagna, dove rimasero per l'intera giornata. La famiglia della comare era numerosa, i figli erano tanti. Una delle bambine, di cinque o sei anni si affezionò subito a loro, a Carmelina e al marito, la sera non li lasciava andar via, chiedeva di andar via con loro. Vinse la bimba: i suoi genitori accettarono che andasse con Carmelina, per pochi giorni. Ma i giorni divennero settimane e poi anni, tanto che venne cresciuta, amata e adottata dalla coppia per sempre. La scelta è sempre motivata dal bisogno d'amore di ogni creatura, di amore corrisposto in atti concreti.

La libertà si insegue sempre. Mi sembra di scorgerla come la luce oltre un lunghissimo tunnel, da percorrere talvolta anche correndo, fuggendo da un incubo, inseguendo un puntino luminoso finale.

La statua della Libertà a New York, presso il Porto, altissima, visibile a chilometri di distanza, è un simbolo: perché è una figura femminile? Perché durante la rivoluzione francese del 1789 si scelse una immagine femminile per raffigurare la Dea Ragione? Anche per l'Arte nelle sue disparate espressioni, i Greci antichi presero a modelli le Muse. E perché dal cervello di Giove, secondo l'antica mitologia grecoromana, nacque una dea e non un dio? Era Minerva la dea simbolo dell'intelligenza umana! Minerva che rappresentava anche la sua capacità nella guerra, nel rischio, affiancando i migliori, i vincitori.

Sicuramente sono le donne a sentire più fortemente l'importanza dei grandi 'valori' della vita, che trasmettono da una generazione all'altra; è vero che i termini in cui vengono espressi sono grammaticalmente astratti, ma la capacità di astrazione, di immaginazione, di ragionamento teorico è maggiore nella donna rispetto all'uomo. E si spiega così il successo dell'emancipazione femminile presso le ultime generazioni: il sogno di liberarsi da pregiudizi, soprusi, prepotenze durate secoli.

Mafia e ndràngheta

In una gita d'istruzione compiuta in Romania, a Bucarest, e poi in Moldavia negli Anni Novanta, con studenti delle quinte classi dell'Istituto dove insegnavo, avemmo l'occasione di attraversare in autobus una frontiera russa. Dovevamo spostarci dalla Romania per recarci a Kishinev, capitale della Moldavia, ancora legata all'Unione Sovietica sia nel governo sia nella lingua. La Romania aveva già fatto fuori il presidente Ceausescu e la sua amministrazione, iniziato l'uso scolastico e pubblico del nostro alfabeto, il latino, e abbandonato quello cirillico. Cauti e piuttosto impauriti – avevamo raccomandato il massimo silenzio agli alunni – aspettammo che i militari sovietici, nella stazione della dogana al confine fra i due Stati, controllassero tutti i nostri documenti e passaporti. Sembrava che fossimo alla 'prima' di un teatro lirico, tesi all'esecuzione del preludio musicale.

Due parole segnarono la fine di questa fase di ansia, di aspettativa: 'pizza ... mafia', pronunciate da uno dei due poliziotti, credo il capo o come avrebbero detto i Romani di duemila anni fa, il prior', il primo tra i due. Sulla pizza, niente da eccepire: questa focaccia antichissima arricchita con pomodori, mozzarella, aromi mediterranei e altri alimenti suggeriti dal progresso culinario, è nota a livello mondiale, ma la parola 'mafia', non lo nascondo, fu una sorpresa amara. Fino agli Anni Settanta del Novecento, i fenomeni mafia, camorra, ndrangheta, banditismo, brigantaggio, contrabbando, sembravano forme di criminalità locali, legate a un territorio, forse anche storiche, come avevamo riscontrato per i secoli precedenti: la camorra iniziata a Napoli col commercio del pesce nel Seicento, il brigantaggio meridionale del periodo francese e quello post-unitario (in alcuni documenti giudiziari del primo Ottocento le bande di ladri erano dette 'grassatori'), il banditismo dei pastori in Sardegna, la mafia in Sicilia iniziata nel periodo delle prime lotte per l'indipendenza italiana, e in ultimo la ndrangheta originata dalla malavita rurale calabrese tra Ottocento e Novecento.

Il contrabbando, esistito forse da sempre, specialmente nei periodi di guerra e dopoguerra, si era reso evidente prima col traffico illegale delle sigarette estere e degli stupefacenti poi. Molti decenni fa erano le barche ad accostarsi di notte alle coste marine per depositare merci vietate, oggi sono transatlantici e container a trasportare in modo clandestino droghe di valore pecuniario enorme. Il fascino della merce vietata e supercostosa ha aguzzato l'ingegno di chi aveva operato nel malaffare o ne aveva subito gli influssi, affrontando con mercanti compiacenti non più il commercio clandestino delle sigarette, bensì degli stupefacenti.

Il progresso non segna solo l'avanzare della tecnologia, ma pure forme sempre più astute della criminalità organizzata. Dal commercio globalizzato sono derivate le mafie globali. Le 'male piante' di un'epoca – dal titolo di un libro del giudice Nicola Gratteri e del suo amico giornalista Antonio Nicaso, *La mala pianta* – ne generarono altre, in tempi successivi, allargandosi in più vasti territori, ingrossando le fila della malavita, della delinquenza a ogni livello. Parvero cose di scarsa rilevanza gli omicidi per rissa, per istinti violenti, per rapina occasionale, quando poi si verificarono sequestri di persona, stragi, atti terroristici, truffe milionarie.

Negli Anni Settanta ci rendemmo conto di tale *escalation* in tutto il territorio italiano, della criminalità diffusa, organizzata, segreta, omertosa che sfruttava i più bassi ranghi della popolazione per i suoi 'affari'. Un ragazzino qualsiasi era capace di aprire una macchina, una Cinquecento, non tanto per rubarla, quanto per prendere qualcosa dentro. Quando mia madre mi regalò un'altra Cinquecento (dopo che, ignoti, anni prima mi avevano rubato la 500 L di colore aragosta, per me bellissima), una notte qualcuno riuscì ad aprirla maneggiando nel piccolo vetro anteriore: portarono via i giocattoli dei miei figli lasciati nel sedile posteriore, gli occhiali da sole di mio marito e la ruota di scorta... Sembrava troppo facile scassare, rubare, ricattare, provocare incendi. Ogni giorno c'erano notizie di tal genere, che acuivano la paura di poter subire danni. I meccanici lavorarono a collocare allarmi antifurto nelle automobili, che poi divenne prerogativa delle aziende costruttrici: ripensandoci, rammento quante volte il frastuono dell'allarme antifurto mi ha fatto correre alla finestra per vedere se l'auto fosse ancora presso il marciapiede. Infatti, bastava qualsiasi movimento strano a fare scattare l'allarme: non solo il tentativo di furto, ma anche appoggiarsi o tirare un pugno alla carrozzeria, manovrare con la portiera, coi vetri, scatenava l'urlo dell'allarme che sembrava quello della sirena! Vale ancora quel principio della teoria di Darwin sull'evoluzione: la capacità di adattamento, di ogni creatura, che consente di trovare nuove soluzioni alle difficoltà, utili alla sopravvivenza. E si prospettavano nuove occasioni anche per i ladri, di rubare autoveicoli per venderne i pezzi singolarmente: infatti, spesso si potevano reperire radiatori, gomme, sportelli, sedili, ecc., a buon mercato, presso alcuni zingari o altri loro simili; gli zingari non vendevano più attrezzi di ferro tradizionali, si resero operosi in fatto di veicoli a motore e loro componenti. Pur fornite di vari sistemi antifurto, le piccole vetture utilitarie erano sempre in cima ai furti di auto, che non avvenivano solo di notte, ma in pieno giorno: qualcuno dei miei colleghi all'uscita di scuola non trovò la macchina nel posto in cui l'aveva lasciata. Bastava dimenticare di chiudere a chiave le portiere, oppure lasciarla posteggiata per entrare al bar per un caffè e all'uscita non trovarla più! A distanza di trent'anni da quei primi furti a una mia cugina canadese, venuta in Calabria in estate, rubarono la Fiat Uno parcheggiata vicino al marciapiede, presumibilmente per una rapina in banca, giacché venne poi abbandonata e danneggiata in un villaggio lontano e ritrovata dai carabinieri sei mesi dopo!

Ecco i vari usi delle auto rubate! La rete criminale si amplia, veicoli e loro parti si muovono per ogni parte, varcano frontiere, pianificano il commercio clandestino; dice un antico proverbio dialettale: „*paru cerca paru, ogni latru cumpagnia*[10]", per sottolineare la possibile alleanza tra soggetti simili, nel bene e nel male. Altri ricordi di malvagità mi riportano al tempo delle cosiddette 'brigate rosse' e al 'delitto Moro' del 1978. Gli affiliati di tale gruppo di natura eversiva, rubavano macchine per compiere assassinii, sequestri di persone o partecipare ad essi, ottenere riscatti e finanziarsi nelle azioni di terrorismo politico. Eppure, secondo i fanatici loro promotori, eseguivano un programma d'ideale politico nuovo!! Nell'Italia che voleva lavorare e non subire lotte catastrofiche, scontri di partiti per accaparrarsi il potere con la forza delle armi, non erano accettati colpi di stato, cambi vertiginosi, soprusi indegni.

L'assassinio di Aldo Moro, capo del Governo italiano, fu un atto di atroce disumanità, oltre che di confusione ideologica, a mio parere, di arroganti fasce radicali.

Purtroppo un altro fenomeno criminoso stava velocizzando i suoi morsi nella società con l'astuzia giustificatoria dei vecchi briganti di „prendere ai ricchi per darlo ai poveri". I 'poveri', ovviamente erano loro coadiuvati da una serie di

[10]pari cerca pari, ogni ladro cerca compagnia

valvassini, da pastori complici che entravano in un 'gioco' di alto livello e rischio: i sequestri di persona. La parola 'mafia' era sulla bocca di tutti, ogni misfatto veniva attribuito ad essa, collegata a 'Cosa nostra' e all'America dei gangster. I film sul 'Padrino' con Marlon Brando e Robert De Niro pubblicizzarono le fantasie e i moventi delle passioni umane, mentre gli eventi raccontavano di una realtà cruda, di soprusi e violenze d'ogni genere. Vennero sequestrati professionisti d'ogni categoria, imprenditori, politici, miliardari, oppure loro figli, mogli, familiari, per estorcere denaro in grande quantità.

In tantissime località di tutta Italia si moltiplicarono i sequestri. Divennero famose, fatalmente, prima la Sardegna e poi la Calabria, non per suggestioni paesaggistiche, ma per rifugi montani, grotte, bunker, dove venivano nascosti i sequestrati.

L'Aspromonte divenne tristemente famoso. Dopo il 1974. Perché da tale data? Si disse poi che fino ad allora si era opposto uno dei boss locali che aborriva i sequestri di persona e il traffico di stupefacenti e che per questo venne ucciso, durante la fase di programmazione del sequestro di un nipote del miliardario petroliere americano Paul Getty. Ebbero partita vinta i boss avversari che poi prolificarono in ogni dove, formando cosche, o faide varie tra loro, oppure accordi reciproci.

Fu un periodo terribile per noi, per la cosiddetta società civile. In venti anni si verificarono, credo, 650 rapimenti dei quali una trentina morirono chissà dove. Uomini e donne di tutte le età, bambini compresi, caddero in tale rete, subirono violenze indicibili, di cui portarono i segni per tutta la vita. Ne parlai, nei primi anni Novanta, nella mia silloge poetica *Spazio ai Cespugli*, dedicata a temi sociali. Allora mi aveva colpito moltissimo il caso di un bambino rapito e tenuto nascosto per 17 mesi: quando venne liberato, non riconobbe la madre! L'aveva dimenticata davvero, oppure era stato plagiato dai rapitori che non ne avevano ricavato il lucro previsto? Il dolore si teneva nascosto, se ne aveva vergogna; ragazzi e ragazze dopo il rapimento subito, non avevano voglia di raccontare, di raccontarsi. Com'era avvenuto prima di loro, ai reduci dei lager nazisti.

Nel frattempo alcuni boss mafiosi e proseliti si erano arricchiti, erano entrati nelle gare per gli appalti pubblici, per l'estrazione terra, per progetti di edilizia urbanistica, potendo disporre di tutti gli automezzi occorrenti; c'erano pure i soccombenti, gli uccisi o squagliati nell'acido, soprattutto dopo la stagione dei 'pentiti', cioè dei testimoni di mafia che si erano distaccati dalla cosca di appartenenza e rivelavano segreti sui delitti commessi.

La 'ndrangheta non era nemmeno considerata dai fatti di cronaca, perché meno importante, si pensava. Invece si rivelò la più tenace, la più resistente, anche dopo che attraverso processi clamorosi la mafia ebbe la peggio in Sicilia, dove si era distinta per atti di terrorismo e per stragi giudiziarie: persero la vita, tra gli altri, i giudici Falcone e Borsellino, il generale Dalla Chiesa; in Calabria pure venne ucciso in un agguato mafioso, lungo una strada provinciale, in una calda giornata estiva, il giudice Scopelliti: si disse poi, su mandato della mafia siciliana. Eventi tragici della nostra storia sociale: legami diabolici intrecciati a ricatti, tangenti, compiacenze tra i vari livelli di poteri, hanno di volta in volta allarmato la nostra sensibilità, costernato le speranze di progresso civile. Molti libri, molti processi ne parlano ancora: sono storie lunghissime e complesse dove ognuno può leggere la miseria umana che cammina di pari passo con la civiltà.

Una puntata di Samarcanda, trasmissione televisiva condotta da Michele Santoro, si tenne con successo a Siderno, nella piazza di fronte al Municipio, proprio sull'argomento 'sequestri'. Gli interventi erano tutti preordinati, a tesi; del pubblico presente, non potemmo intervenire nessuno liberamente. L'ultimo recente sequestrato locale, una persona prestigiosa che conoscevo anch'io, il radiologo Pasquale Malgeri, cognato di un mio collega d'Istituto, non era ritornato a casa né erano trapelate notizie certe di vita o di morte. Il radiologo – non è una battuta ironica ma un fatto vero – era già sfuggito mesi prima a un altro tentativo di rapimento: avevano sequestrato il suo assistente, credendolo 'lui', alla chiusura dello studio radiologico! Sorridente e scherzoso nei dialoghi, professionista negli esami radiologici, era l'unico punto di riferimento per le radiografie nel territorio. Non ritornò più, né si seppe dove con ogni probabilità fosse sepolto. Sicuramente non resse alle fatiche della crudele prigionia, oppure la cosca che l'aveva in consegna non trovò i mezzi giusti per fargli sopportare lo strazio di qualche bunker sotto terra. Col senno di poi, si capì che il primo tentativo di sequestro doveva essere attentamente valutato e non rendere facile il secondo tentativo.

Era evidente la sfacciata richiesta di denaro, richiesta che poteva avvenire anche in altri modi: lettera con bossolo e indicazione del luogo dove depositare un certo numero di milioni di lire, telefonate minacciose, furto di macchina e speculazione finanziaria per il ritrovamento, oppure incendio della macchina e missiva di 'desiderata'. Dappertutto aleggiava una paura sommessa, spesso scambiata per omertà; biscia o vipera che fosse, la traccia segnata dai nuovi delinquenti incrinava certezze e alimentava incubi. L'incubo minore – minore per modo di dire, rispetto all'assassinio – era forse la persecuzione con telefonate anonime; anch'io ne ebbi allora, avevo paura per mia figlia: non erano più le 'caramelle' da non ricevere da sconosciuti, le nostre raccomandazioni alle figlie, ai figli, ma le uscite libere, fuori, a rischio di brutte sorprese. Ricordo una sera: mia figlia frequentava il Liceo classico, c'era l'incontro scuola-famiglia, poteva andare il padre, ma mia figlia pretese che ci andassi pure io. L'accontentai. Al ritorno, viaggiavamo piano, in automobile, era l'ora di punta per il traffico urbano, quasi il crepuscolo.

Sentimmo degli spari a una cinquantina di metri da noi, apparve qualche luccichio presso il marciapiedi: forse bombette di natalizie o pistole di bambini, pensammo, sparate da ragazzini, mancava un mese al Natale. Invece no. Sapemmo poi che era stato sparato un giovane, di proposito. L'opinione comune era che „si ammazzavano tra di loro", ossia vendette di cosche, di faide locali. Invece cambiava parecchio rispetto alla delinquenza tradizionale, si stava allargando in una rete più vasta, multiforme, proprio come una piovra con i suoi tentacoli, che con *La piovra* divenne fiction televisiva di successo in anni successivi, che ne rese visibili e spettacolari i misfatti. La cronaca nera rientrava poco tra le mie letture e anche quella giudiziaria.

Fino a qualche anno prima pensavo che la scuola, lo studio, la conoscenza potessero essere strumenti validi per migliorare i comportamenti sociali, ma dovetti accorgermi che si realizzavano solo in parte; in fondo, la scuola occupava una minima parte della vita dei giovani; inoltre non tutti la frequentavano; ancora altro, la 'trasgressione' di uno attirava altri nella sua orbita. Insomma, si perveniva a un fenomeno sociale, ad aspetti diversi della realtà da analizzare, da discutere, da approfondire. Così, accanto alla letteratura e alle vicende del passato, furono oggetto di studio anche tematiche del presente ambientale, per rendere gli alunni più consapevoli, capaci di scelte giuste, di obiettivi oculati.

La dialettica della vita mi sembra un dato costante, ormai: bene e male, gioie e dolori, continuano il loro gioco infinito, come il giorno e la notte; pensiero convergente e pensiero divergente occupano binari paralleli, contenuti in sostanze che non conoscono quiete, che cambiano pelle a ogni stagione. Benessere e criminalità si incrociano, si combattono, zigzagano negli obiettivi delle famiglie comuni, ma il loro peso sulla bilancia del mondo è problematico: meglio che non si uniscano, che vinca l'obiettivo dell'onestà, del benessere frutto del lavoro onesto e non della corruzione. Il rispetto dell'altro è fondamentale: ogni persona è al centro del proprio microcosmo, se esige rispetto dagli altri, deve essere il primo a darne.

La morte e il lutto

Gli effetti del virus covid 19 sulle nostre paure, da oltre due anni, e la perdita di mie amiche a causa di problemi cardiaci, mi assillano per i consueti interrogativi sulla fine della vita, sui virus misteriosi che agiscono come alieni venuti da altri pianeti su di noi; su chi, o che cosa, non si è curato per prevenirla, rimandarla ad altra occasione, oppure a benedirla per avere eliminato una sofferenza atroce.

La morte: mi viene in mente la copertina del libro di Leonardo Sciascia, *Il Cavaliere e la morte*, che riproduce una incisione di Albrecht Dürer, del 1513, una morte accennata nello sguardo dimesso di un diavolo, piccolo, che guarda il cavaliere chiuso nella sua corazza, su un cavallo baldanzoso, mentre si prepara forse per l'ultima azione bellicosa. Non basta la corazza a proteggere l'uomo da azioni che segnano la sua fine; come a dire, la morte è dentro di noi, non fuori simile a una Parca che si diverta ora a minacciare ora a colpire con la sua falce, come se fosse in un prato a tagliare erba e fiori, spine e germogli. Invece esce l'ultimo soffio d'aria dai polmoni e si blocca definitivamente l'apparato respiratorio.

La morte come liberazione da affanni o da coma farmacologico? Oppure quella cosiddetta 'naturale', silenziosa, nel proprio letto, simile a quella dei devoti di Santa Brigida che aspettano da tre mesi il giorno del trapasso?! Questa è simile alla spesso decantata 'morte dei Santi', per i quali il giorno della morte era noto come 'nascita' nel regno dei cieli. In tal caso si verifica l'esaltazione della morte, come nascita alla vita eterna, alla congiunzione con l'infinito, con Dio. Vi rientra, come celebrazione sublime, del divino, la '*dormitio Ma-*

riae', cioè l'assunzione di Maria al cielo, la cui festa ricorre il 15 agosto di ogni anno.

La religione, ogni religione ha i suoi riti secolari che si intrecciano con le tradizioni di popoli e comunità, in un modo di trattare il 'sommario' di una vita quando essa giunge al termine e sull'utilità sociale di commemorarla, ossia l'impatto con il lutto, l'elaborazione interna ed esterna del 'fine vita' sui viventi, sui sopravvissuti. Il culto dei morti è testimoniato sin dai tempi della preistoria, concorre alla formazione delle memorie, che trasmettono il carattere identitario di una comunità, assieme alla lingua, ne creano le tradizioni; c'è una trasmissione di saperi accanto ai ricordi del morto o della morta, c'è un legame profondo oppure superficiale, ma sempre anello di una catena pressoché infinita.

Esserci o non esserci: è questo in definitiva il peso o il vuoto dell'esistenza, simile al dilemma di Amleto, di 'essere o non essere'. Avevo circa due anni quando morì la mia bisnonna: mia madre mi raccontava che io ero inconsolabile nel pianto quando vidi il letto vuoto perché la bisnonna non c'era più. Forse per questo la mia mente ha accomunato l'idea dell'esserci o non esserci: quindi la morte come mancanza, come sentimento della perdita per chi resta. Quali sensori si mettono in moto nella percezione dell'evento? C'è anche il rifiuto della mente che non accetta la realtà, che si rifugia nell'*essere altro*, che fatica ad accettare il cambiamento, oppure ad adeguarsi al concetto della morte come liberazione da sofferenze.

Ma se diverso può essere l'iter interno di elaborazione del lutto, quello esterno soggiace alle usanze del tempo e del luogo. Chi non ricorda le donne meridionali vestite a nero per anni infiniti dei tempi passati e che oggi le nuove generazioni possono vedere soltanto in film e foto d'epoca? Io stessa portai il nero in vestiti scarpe guanti e foulard per cinque anni, dopo la morte di mio padre; e mia madre di più, aspettò di togliersi il nero al mio matrimonio. Allora abitavo vicino a una chiesa cinquecentesca, ma rifatta forse più volte, specie dopo terremoti, e a ogni evento di morti suonava a lungo con rintocchi lugubri che angosciavano chi li sentiva. Era il suono a mortorio, che poi echeggiava con altre campane delle varie chiese – tra parentesi, anche il poeta Giovanni Pascoli ne soffriva, a Castelvecchio di Barga dove risiedeva quando non era impegnato con l'Università di Bologna, ed entrò in diverbio col parroco del luogo! – se il morto era stato benestante e quindi gli eredi spendevano di più in esequie più costose, con ore di rintocchi prolungati, con messe 'cantate', con la banda musicale, con le confraternite al completo a sfilare lungo le vie accompagnando il feretro in chiesa e al camposanto. Anche i pianti dei parenti c'erano, in casa, per elogiare il morto o la morta, come presso gli antichi greci che usufruivano delle prefiche per esternare le lodi verso chi giaceva nella bara. L'onore del 'pianto' e del 'canto' insieme, segno di sensibilità e partecipazione, familiare e sociale: non è anche della poesia l'espressione del dolore, della comunanza del dolore che unisce le persone?!

Una volta, in una classe composta da alunni quindicenni, provenienti da vari paesi e ambienti, ho assegnato una ricerca, come esercitazione linguistica sulle usanze post mortuarie delle proprie comunità: ne è venuto un insieme vario di usi, alcuni dei quali risalivano a oltre due millenni fa, quali il '*cunsolo*', il cibo offerto da amici o parenti ai familiari stretti del defunto.

Comunicazione e partecipazione, anche nell'evento 'morte' sono legate al tempo storico, con le evidenze e le esagerazioni. Quando morì mio padre, avevo sedici anni, fui costretta a bere tanti caffè che poi me ne venne disgusto per parecchi mesi; ore lunghe di cortei nelle strade per i funerali, dappertutto: si parlava di pomposità, di retorica, di fasto spagnoleggiante, a causa delle varie dimostrazioni popolari di partecipazione al dolore, vero o finto.

Dai cortei a piedi, si è passati ai cortei in automobile. Coronavirus e pandemia hanno eliminato in buona parte cortei e visite, ma hanno aumentato comunicazioni coi cellulari e coi social, distribuiti tra Facebook, WhatsApp, Instagram, e chissà quanto altro. Quello che non cambia è la sensibilità di chi resta, di familiari e amici; l'età, il modo, la sorpresa o l'aspettativa influiscono nella percezione dell'evento. Come posso dimenticare le morti tragiche di miei parenti e amici! Chi nei luoghi di lavoro, lontani, o in guerra, con le notizie giunte attraverso il Municipio, chi giocando essendo bambino, chi in incidente stradale, chi per altri motivi e per malattie incurabili! La sofferenza, la fatica, come condizioni normali del vivere: ma davvero la gioia, la felicità, sono l'assenza momentanea del dolore?! Oppure, tutte le forme, di vivere, di morire, di trasformarsi, sono soltanto accomodamenti, abitudini, assuefazioni? Mi vengono in mente le mie elementari conoscenze di chimica sulle strutture molecolari della materia: le molecole si accostano, si dimezzano e raddoppiano, si chiudono e scompaiono, nella costante ricerca di trovare spazio utile per essere presente in qualsiasi modo, precisamente come le persone umane. Il lutto non è altro che la rappresentazione simbolica di un rapporto in fase di transizione, tra l'esserci e il non esserci, tra sentimenti e bisogni da una parte e il rifiuto dall'altra parte.

Le cerimonie funebri diventano immagini sceniche, talvolta, quando i protagonisti sono personaggi pubblici molto noti: e qui devo collocare la differenza di genere, da me sempre notata: gli uomini sono stati sempre considerati meglio delle donne anche nelle commemorazioni funebri, specialmente quelli rappresentativi di istituzioni, quindi cortei più lunghi, discorsi funebri, manifestazioni di cordoglio; per le donne, di meno, di solito, a meno che non siano speciali o ricoprano ruoli ritenuti importanti da una certa parte del popolo. In ogni caso, prevalgono le esagerazioni, in pomposità o in riservatezza, in sofferenza o in rassegnazione.

Ogni persona gestisce a modo suo l'evento morte: ci sono madri rimaste vedove che s'accollano il peso della famiglia e dei figli lavorando accanitamente, altre che si ammalano di depressione, altre ancora che fanno pesare ai figli vivi la perdita di un fratello; ci sono padri che si risposano subito dopo la morte delle mogli, altri che abbandonano i figli o che si lasciano andare, sfiduciati in ogni cosa.

Quanto può diventare lunga l'elaborazione della perdita di una persona cara? Me lo sono chiesta tante volte. Perché non riesco a imporre qualcosa alla mia psiche quando questa è molto turbata? Pur sapendo che la morte è un evento 'normale', a cui non si sfugge – mai mai! – il suo accadere, il suo aut aut ineccepibile scatena un fluttuare di sensazioni e pensieri che agitano la mente, mentre le reazioni sono variabili, le conseguenze si rapportano all'esistente. Penso alle persone rimaste sole che poi vengono collocate nelle case di riposo per anziani, oppure assistite da 'badanti': ciò mi fa ricordare persone vecchie e disabili d'altri tempi, accudite dalle donne di famiglia, mentre oggi sono altre donne, le badanti, per lo più provenienti da Paesi esteri, a prendersi cura di loro. Quindi, sempre le donne ad accudire chi sta male, chi è solo, chi ha perduto un cardine della propria esistenza; sono le donne che resistono, nella sofferenza, nelle indigenze, nel bisogno di una luce, di una speranza, nel sopportare le offese della vita.

Natanti e migranti

Nicola Zitara, un importante scrittore e intellettuale meridionalista di Siderno che ho avuto la fortuna di conoscere e di dialogare con lui, nel romanzo storico *Memorie di quando ero italiano* e ancora in '*O sorece morto*, oltre che in articoli di giornale parla del *'caricatoio'*, un piccolo approdo commerciale per imbarcazioni, esistente forse fino all'ultima guerra sulla costa ionica. Si trovava all'altezza dell'abitazione dei suoi genitori, situata nella Piazza Portosalvo, di fronte al mare: oggi tra quella casa e il mare si trova la ferrovia, due ristoranti con giardino, il largo e alberato lungomare, costeggiato da lidi e locali di ristorazione. La zona dei pescatori era più a sud, detta poi zona Sbarre, a causa del passaggio a livello della ferrovia.

Oggi non esiste più nulla dell'antico *caricatoio*, della banchina utilizzata per carico e scarico di merci, una specie di palafitta nella riva, né la piazza ospita la fiera settimanale dove una volta si vendevano pure degli animali, come ho visto in qualche foto antica. Non funziona nemmeno il Pontile costruito quando la Siderno industriosa produceva laterizi, legname e calce che esportava anche via mare.

Oggi il porto più vicino si trova a quindici chilometri da qui, a Roccella Ionica: è il Porto delle Grazie, ricostruito quasi ex novo rispetto a quello, molto più piccolo, che funzionava fin dal Settecento, frequentato da navi di piccolo cabotaggio, anche inglesi; per questo motivo, quando venne istituita la Scuola Media Unica, senza la divisione esistente di Ginnasio e Avviamento Professionale, la lingua straniera scelta fu l'Inglese e non la lingua francese come in tutte le altre scuole del circondario: la lingua inglese si diffuse più tardi nelle scuole ed oggi è la più seguita.

Vedevamo le navi passare all'orizzonte; solo alcuni pescherecci sostavano al largo, da dove scaricavano su barche che portassero alla riva le numerose cassette di pesce azzurro. Il fenomeno turistico, incrementato dopo il 1960, e la costruzione di quattro chilometri di lungomare hanno trasformato la zona, le spiagge sono pulite, senza residui di grasso da barche o di pesci morti, ma purtroppo non prive di oggetti abbandonati da maleducati.

Ogni tanto qualche mareggiata scombina tutto, rompendo e modificando, con le onde che assalgono da padrone tutto il litorale; e se non è la mareggiata, è l'alluvione, che ingrossa fiumare e torrentelli, scaricando ogni sorta di fanghiglia e putridume: il mare accoglie tutto, è una lavanderia permanente.

Se il caricatoio si estinse col disuso – le merci presero le vie di trasporto su gomma più che su battelli e rotaie – la torre costiera, pure vicina alla piazza e alla chiesa di Portosalvo, venne abbattuta per far posto all'ufficio postale e alla costruzione della strada adiacente in cui le pietre della torre erano servite come fondamenta: il mio ex collega Enzo D'Agostino fece una ricerca che pubblicò nell'Annuario della Scuola Media *G. Pedullà*, se non ricordo male. Le torri non servivano più, erano solo ricordi del passato, fatte per avvistare arabi e saraceni che venivano ad assalire le nostre coste.

Chi avrebbe mai detto che tali azioni piratesche si sarebbero ripetute?! È vero che abbiamo avuto due guerre mondiali in un secolo, minacce successive con l'embargo nel Canale di Suez nel 1956 e con la guerra lampo dei 'Sei giorni' di Israele nel 1967, ma nessuna nave si avvicinò col cannone spianato presso il litorale: solo azioni a sorpresa ci sono state, di terroristi o di mafiosi, e paure ricorrenti per i conflitti terribili nell'ex Iugoslavia e in Paesi del Medio Oriente. A ragionare col senno di poi e allargando lo sguardo agli orientamenti sociali dei popoli, ecco, penso che siano stati, e siano ancora, le scontentezze e i contrasti interni i veri motivi che hanno spinto individui e famiglie ad abbandonare con qualsiasi mezzo il proprio ambiente, verso la ricerca di posti più favorevoli alla vita.

Da parecchi anni si verificano sbarchi di 'fortuna', per usare un eufemismo: sono sbarchi calcolati invece, organizzati per trasportare clandestini di ogni parte dell'Africa e dell'Asia. Non sono marocchini o egiziani da vari decenni venuti in Italia per lavorare regolarmente e su navi regolari e altri mezzi consentiti; anche dopo la caduta del Muro di Berlino molte persone hanno lasciato i paesi d'origine per emigrare in Stati più evoluti: nel mio territorio calabrese anche io ho conosciuto polacchi, rumeni, ucraini, bulgari, bielorussi, albanesi, stabilitisi normalmente qui e svolgendo attività retribuite. Si è parlato tanto di solidarietà, di accoglienza, di aiuto verso i nuovi immigrati. Bene, concordo sulla linea di condotta sociale di favorire chi lavora e si comporta bene, senza discriminazioni di razza o di religione. Ma non accetto che individui senza scrupoli approfittino del senso di solidarietà, di bontà, dei cittadini aumentando sempre più l'ingresso di masse clandestine, da ogni parte, in ogni luogo.

Bertolt Brecht aveva scritto nel 1930 su *L'eccezione e la regola*: ebbene, i primi sbarchi occasionali di migranti divennero poi la regola, un giorno sì e l'altro no oppure sì, soprattutto da marzo in poi, cioè con l'inizio di stagioni favorevoli alla navigazione. Nelle storie di pirateria tra Cinquecento e Settecento si racconta di relazioni commerciali segrete tra chi veniva dal mare e chi stava a terra, di venditori e compratori che volevano sfuggire alle norme fiscali dell'epoca. Anche oggi storie simili si ripetono, con altri termini di linguaggio: non ci sono pirati, ma scafisti, non più gli schiavi, ma i migranti, non grano seta o olio, ma droghe e tabacchi (si dice pure, armi).

Negli anni passati viaggiavo più spesso e vedevo pure io una grande barca abbandonata presso il litorale tra Marina di Gioiosa e Roccella Ionica: era stata una delle prime, carica di migranti, a lanciare SOS per guasti al motore e poi arenarsi là vicino, come carretta di mare. Natanti d'ogni specie, capaci di galleggiare sufficientemente, approdarono numerose: barconi, vecchi motoscafi, pescherecci decrepiti, barche a vela, gommoni, trasportarono gruppi sempre più numerosi di diseredati, di gente in cerca di fortuna. Si disse che le coste nostre erano solo un mezzo di passaggio, giacché tanti proseguivano altrove il loro cammino. Non posso soffermarmi su tutto: la storia di approdi clandestini, di fughe da conflitti, di viaggi della speranza è molto complessa, interessa tutta l'Europa, ormai. I Governi, cambiano o non cambiano nei loro orientamenti progettuali, non riescono a risolvere la questione 'migranti'. Una vasta economia sommersa gravita in Italia intorno ai lavoratori clandestini stranieri e flussi di denaro statali attraggono le varie forme di assistenza agli immigrati giunti nel suolo patrio.

Alcuni paesini sono rinati a nuova vita, grazie agli immigrati che ivi hanno stabilito la propria residenza e attività lavorativa; ma grazie anche – lo devo dire – agli aiuti pecuniari elargiti dallo Stato. Ho sentito di 35 o 40 euro giornalieri spesi dallo Stato per ogni immigrato che dimostri il diritto di poter usufruire di tale sussidio; ma tale denaro non viene distribuito con facilità, ci sono delle norme precise che fanno capo a Enti speciali costituiti ad hoc. C'è differenza, ad esempio, tra chi si presenta da 'rifugiato politico', perseguitato in patria propria perché oppositore del governo vigente, e un migrante in cerca di lavoro.

C'è davvero un'umanità in cammino! La globalizzazione non è stata solo un fenomeno economico di mercato aperto su tutti i fronti, si sta rivelando una circolazione infinita di masse umane, da ogni parte. Solo la pandemia nota come coronavirus o covid 19 da febbraio del 2020 ha rallentato i flussi di circolazione, ma non eliminato gli sforzi di tanti che affrontano pericoli, lunghe camminate, spese per viaggi su barconi stracarichi, in balia del caso o delle onde tempestose.

Il mio Paese è stato sempre all'insegna dell'accoglienza verso gli umili, verso i richiedenti aiuto, anche se spesso ha subito scottature, danni, fregature; anche io, nella mia piccola parte, ne ho subite. Gli immigrati non sono tutti angeli; tra loro non mancano truffatori, vagabondi, spacciatori di merci vietate, ma lo spirito di solidarietà che è spesso alla base di ogni azione 'verso l'altro', verso il bisognoso, vince sui timori del danno che può celarsi dietro il velo dell'accoglienza. Non riesco a non pormi interrogativi sul futuro della mia terra: saranno gli stranieri immigrati da ogni dove a ripopolare il territorio abbandonato dai residenti? Ci saranno indiani e pakistani a coltivare cipolle, marocchini e neri a vendere cianfrusaglie, cinesi ad aprire centri commerciali? Gli extracomunitari non saranno per sempre semplici raccoglitori di agrumi e pomodori, né badanti e tuttofare da una generazione all'altra. Che identità sarà la nostra?! Saremo scavalcati da una marea di gente qualsiasi che si approprierà del nostro patrimonio secolare, dei sacrifici nostri e di chi ci ha preceduti per renderlo al punto in cui si trova? Le nostre case saranno aperte a chicchessia, chiunque potrà entrare e prendere ciò che vuole, più degli stessi vicini di casa da una vita.

Già tanti poveri del territorio lamentano di essere trattati peggio degli stranieri dallo Stato; e non posso tacere sulle difficoltà di proprietari di abitazioni di sfrattare immigrati morosi che per anni non pagano locazione e imposte.

Il piccolo paese di Riace col suo sindaco Domenico Lucano (dal 2004 al 2018) sono stati considerati 'modelli' dell'accoglienza: gli immigrati, inizialmente curdi e iraniani, hanno aperto laboratori artigianali, occupato case disabitate, rinnovato l'ambiente sonnolento; a tale forma di apertura sociale ed economica hanno aderito poi i vicini paesi di Stignano, Caulonia, Camini, come è avvenuto per Lampedusa. Lucano ha ricevuto numerosi premi e riconoscimenti, tra cui il Premio World Mayor del 2010 in cui risultava al 3° posto tra i sindaci del mondo e nel 2017 il Premio per la Pace di Dresda. Numerosi migranti sono passati da Riace, pur non rimanendovi: Lucano ne faceva quasi una missione, una questione di vita, utilizzando i sussidi ricevuti con oculatezza in modo da soccorrere tutti quelli che passavano di là o venivano mandati da altri centri di accoglienza, oppure facendo debiti forse con troppa fiducia nel futuro, il che lo portò a subire dei processi in tribunale, anche se dopo due anni, nel 2019, venne riconosciuta la sua buona fede, il suo spirito umanitario e l'assenza di reati da truffa e concussione; il suo sistema di accoglienza, aderendo al programma SPRAR, utilizzava mutui e fondi regionali per ristrutturare case, aprire botteghe artigianali e altre attività utili. Nel 2003 Riace era stata insignita del Premio Borghinfiore di Siderno, proprio per il processo di rinnovamento iniziato: si stava avviando l'idea di 'villaggio globale', multietnico, ospitale, antirazzista, propenso alla multiculturalità.

Ironia del caso: Riace non poté conservare i Bronzi famosi, rinvenuti proprio nei fondali del suo mare, perché non disponeva di un Museo e adesso veniva elogiato il luogo come 'Paese dell'accoglienza' e non paese dei 'Guerrieri'!

L'onore

L'onore: parola usata, abusata e anche strapazzata; è il più alto riconoscimento a una persona per le sue doti morali, ma cambia di significato a seconda degli ambienti sociali in viene proferita.

„Parola d'onore", „onorata società", „salvare l'onore", „perdere l'onore", „l'onore si lava col sangue", „difendere l'onore" e chissà quante altre espressioni analoghe prospettano immagini alla nostra mente, immagini di situazioni reali riferite al significato simbolico. L'onore va d'accordo con la dignità e mette in relazione l'individuo con i suoi simili, insieme ai quali vive. Nei tribunali c'è l'obbligo del giuramento, per il linguaggio legale dei testimoni chiamati a dire la verità su fatti di loro conoscenza; nei rapporti sociali c'è l'uso della parola d'onore come testimonianza personale di veridicità.

Ma, per giurare sul proprio onore, è necessario che lo si abbia, si sia maturi e consapevoli delle proprie azioni: i bambini, ovviamente, ne sono fuori ..., giurano con le due dita incrociate, come facevo io da piccola, secondo una tradizione consolidata.

I simboli assurgono a forme concettuali di comprensione, che poi col tempo possono anche venire stravolte dalla malvagità umana. Infatti, non sempre sono credibili le persone che usano la 'parola d'onore' come sproloquio o per essere creduti pur affermando il falso. Senza parlare dei crimini commessi dall'*onorata società*! O del *giuramento di fedeltà* dei componenti di tale clan davanti all'immaginetta di S. Michele Arcangelo! Viene stravolta la dignità, viene falsata la religione: alcuni gruppi fanno della delinquenza un falso principio etico, attraverso l'obiettivo economico a tutti i costi. Nei secoli passati si verificavano azioni di banditismo, di pirateria nei mari e lungo le coste; oggi – da alcuni decenni – tali azioni sono opera di clan mafiosi, i cui affiliati non si fanno scrupolo di eliminare oppositori ai loro progetti in qualsiasi forma o di vendicarsi su chi sgarra, su chi manifesti o possa manifestare pentimento o abbandono. Ecco perché parlavo prima di concezioni stravolte dell'onore personale; la 'difesa' del clan dell'affiliato viene paragonata alla difesa del soldato che affronta la guerra per la patria, senza considerare che le guerre nazionali non sono avvenimenti normali, ma eccezionali, mentre i clan agiscono secondo norme primitive, tribali, segrete, vendicative, venali, crudeli, illimitate. Il clan visto come una famiglia allargata, unito per la vita e per la morte, con punizioni – per chi 'tradisce' – peggiori di quelle del taglione, dell'occhio per occhio e dente per dente. Il rispetto per la famiglia diventa familismo, in cui tutto è concesso in nome di essa. Guai a chi tocca, in tale tipo di guerra! Quante aberrazioni sono state commesse in questi ultimi decenni! Uomini, donne, bambini, uccisi e sepolti chissà dove, sciolti nell'acido, sfregiati, rapiti, svergognati, annullati!

Ma non sono soltanto i clan criminosi a stravolgere il concetto di onore, a mio avviso: lo sono pure i pregiudizi di padri-padroni e di gruppi sociali ancorati a forme antiquate di autoritarismo. Ultimamente in Italia ha suscitato grande scalpore il caso della diciottenne Saman Abbas, figlia di pakistani, residenti a Novellara in provincia di Reggio Emilia.

La ragazza non accettava né il velo in testa né il matrimonio combinato imposto dai genitori, voleva comportarsi come le altre ragazze italiane, studiare, lavorare. Non ci riuscì. Andò via da casa, poi ritornò, nell'intento forse di prendersi i documenti personali, cadde in un tranello familiare di morte e non fu più vista. Alla base del progetto micidiale, l'idea del padre-padrone arbitro della vita familiare: la figlia che trasgredisce alle imposizioni deve essere punita, anche con la morte. Esecutore materiale del femminicidio, il fratello del padre, lo zio di Saman: un vero e proprio complotto familiare e parentale! Ciò che più stupisce e fa rabbia, è il comportamento della madre che va pure contro la figlia e accondiscende a tale assassinio.

Quanti reati, nel passato dei nostri paesi, commessi pure in nome dell'onore, da padri o da mariti! Per alcuni, la più grande offesa era sentirsi dire 'cornuto!', la parolaccia che a volte si spiffera senza criterio: ma essa, rimuginata a lungo da un individuo collerico poteva armargli la mano verso un reato, di cui si sarebbe, probabilmente o no, pentito in avvenire. Molti anni fa mi ha stupito il racconto letto nel primo libro di Giovanni Glioti, *Il feudalesimo in Calabria – Andata e ritorno*[11], di un padre carcerato per aver ucciso la propria figlia, nubile, colpevole di amoreggiare con uno. Sì, il padre era stato condannato giustamente per l'omicidio, ma in seguito dovette amaramente scoprire che era stato ingannato volutamente dalla moglie! Era lei che amoreggiava con quell'uno e, per togliersi l'impiccio del marito, aveva accusato la figlia... Così, a causa dell'onore che si lava col sangue, il padre fu indotto a uccidere la figlia! Diabolica la madre, che visse poi da sola con l'amante! E quante ragazze venivano cacciate da casa, per il cosiddetto 'onore perduto', per essere state violentate, stuprate, da individui prepotenti, senza scrupoli.

[11]Giovanni Glioti, *Il feudalesimo in Calabria – Andata e ritorno*, D.G.S. di Floridia (SR), 2001, Ristampa dicembre 2002, pag. 144.

La sessualità è stato un argomento scottante quasi sempre, una specie di tabù segreto, per cui la concezione dominante seguiva l'autorità prevalente. Non so se dico un paradosso: la sessualità asservita a chi detiene l'autorità, il più forte comanda al più debole, se è il sesso femminile il più fragile, è logico che spetti a quello maschile detenerne la guida. „Onora il padre e la madre", recita il quarto Comandamento: è sempre così? Meritano onore e rispetto anche quando non lo hanno per i propri figli?! I genitori di Saman Abbas meritano onore e rispetto?!

Che persone sono i padri che violentano le figlie, le madri che accusano ingiustamente i figli o li vendono? Sono interrogativi non solo per il passato, ma pure per il mondo d'oggi, dilaniato da ossessioni, da paure, da colpevoli ignoranze.

A quale livello si colloca il rispetto per la persona, di qualsiasi età? Credo che questo sia un principio fondamentale nelle relazioni umane, non solo costituzionale. E aggiungo: il rispetto anche verso se stessi, verso la propria dignità, da non svendere. Il senso del pudore non va inteso come modestia, timidezza, introversione, ma come stima verso il proprio corpo da amare, da difendere, da non essere violato impunemente. Non sono solo principi razionali, oggettivi: penso che lo siano anche a livello inconscio, primordiale. I bambini ne sono una prova, quando tolgono la mano che li tocca, se è sgradita.

Il mio paese

Traslazione fantastica di un Paese reale

Mi dissero che era l'alba e la gente usciva dalla „prima messa" della chiesa della Nunziata, quando nacqui nel mio primo paese, in una piccola casa. Non si vedeva il mare, solo colline: mio padre sognava di costruirne una sulla collina con vista mare, ma lontano. Un male lo portò via prima del tempo, ma già avevamo gustato un altro paese, alpino, che fu 'mio' solo per un anno, con più neve del primo e con meno desiderio di mangiarla a granita col vino cotto e tanto zucchero, come faceva mia madre nelle rare volte che la neve soffice e spessa si posava sulle tegole e nei vasi del balcone, quando si abitava nel luogo natio.

A me bambina, il prof di matematica insegnò le diverse forme di 'linea' invitandomi ad osservare i disegni dei colli all'orizzonte. Il cielo, le carte geografiche, le poesie memorizzate, i racconti della storia e delle guerre, mi impressero nell'animo la visione di un paese che si allargava dal mio, fino a comprendere un vasto territorio accarezzato dalle acque del mare Mediterraneo, vivente dei prodotti della terra, che era la mia Patria, il mio grande Paese, dove io avrei potuto vivere con dignità, con orgoglio, perché il popolo di cui ero parte era unito dalle stesse leggi, dalla stessa lingua scritta nei miei stessi libri. E così fu. Studiai in un altro paese, che mi divenne caro, studiai in un'altra città, quella della mia giovinezza, della mia laurea, dell'emancipazione, della meritocrazia. Il lavoro mi condusse lontano dal mio primo paese: ogni volta mi chiedevo: sarà qui il mio domani?

L'oggi e il domani si confusero più volte: Messina, Genova, Catanzaro, Crotone, Trento, Reggio Calabria. Il 'mio Paese' era ovunque avessi stabilito la mia dimora, la mia famiglia, gli affetti a persone, ad ambienti, a ideali sia convergenti sia divergenti, poiché la dialettica si conforma spesso a un gioco linguistico sottile, spumeggiante. Partecipai in pieno al fervore dei programmi di sviluppo, nell'Italia degli anni cosiddetti del boom, quando i sacrifici erano tanti e non si sapeva che fosse l'epoca delle corse a primati. Nell'ambito lavorativo scolastico, ovunque mi trovassi, i progetti erano a lunga scadenza, pur nel carrello delle nozioni quotidiane. Educazione e istruzione andavano di pari passo, si doveva contribuire a formare una società civile, laboriosa, con guide intelligenti, preparata ad accogliere le urgenze di tecnologie innovative.

Il progresso era nell'aria, ci volevano spalle forti. Abbiamo retto. Ci siamo sfamati. Le riforme istituzionali realizzate ci conferirono un primato di progresso straordinario, soprattutto in campo femminile. Idee e viaggi si intersecarono nell'universo etereo e terrestre.

Accelerammo nelle attività economiche, rateizzando le spese, nel corso di un ventennio, sia a livello privato sia parlamentare; forse molti spiccioli si persero per strada, allignarono truffe, speculazioni, prede spesso di qualche furbastro politicante.

E così il mio grande Paese, l'Italia, a un certo punto, sciorinò lenzuola macchiate, alla finestra, non più bianche, con striature lise. Sì, la prima Repubblica, che - con alterne variazioni di colori più che politici, risorgimentali, per leader provenienti da tale cultura - aveva sostenuto i programmi di base per lo sviluppo socio-economico, dovette ammettere qualche pecca nascosta e dare il cambio a un'altra, salottiera e plateale, che conquistò tanti cuori generosi di lavoratori e disoccupati.

La lingua italiana, dicono, è la più musicale del mondo, per la presenza forte di molte vocali. Non per nulla il modello romano di 'oratore' è il simbolo dell'uomo perfetto, che è buono e parla bene. Tale modello regge ancora, se si considerano gli esiti politici nelle consultazioni elettorali, anche se purtroppo le intenzioni del buon oratore non trovano terreno fertile per attecchire. Storicamente, è giusto che sia così, il popolo italiano non è fatto di automi, di individui plagiati, ma di gente faticatrice, che bada a vivere e sopravvivere, che spesso campa di espedienti, che s'ingegna a superare i momenti difficili, che spesso sbaglia, ma come una fenice, risorge dalle proprie ceneri.

Tutto lo Stivale – detto con un termine antiquato – è il mio Paese. Non so se resterò sempre nel piccolo centro ove ho la residenza, ma so che in qualsiasi altro luogo della mia Penisola, o isole che siano, starò bene. Ovunque vi siano persone, uomini e donne, „sostanze individuali di natura razionale", per usare una espressione del filosofo Tommaso d'Aquino ereditata da Aristotele, lì c'è il mio paese. Sono le persone perbene, rette da valori razionali e solidali, a formare il reale tessuto di una nazione, non individui perversi, violenti, prevaricatori che scatenano ingiustizie ed orrori.

Gioacchino da Fiore nella sua visione utopica auspicava il Regno dello Spirito, ritenuto per secoli irraggiungibile. Tuttavia, i progressi della scienza, della robotica, ci prospettano una mente umana quale crogiolo di potenzialità infinite. Davvero, i risultati odierni nel campo della comunicazione, della tecnologia, dei trasporti ci inducono a credere che sia in pieno esercizio il Regno dello Spirito! Tutto ciò, nonostante le lamentele di chi si trova alla ricerca di un lavoro adeguato alle proprie capacità e attitudini.

Splendida patria mia! Nei tuoi Palazzi di Potere si rintuzzano equilibri e animose imprese che sconvolgono lo stomaco di gente normale, che suscitano ora rabbia ora speranze. Dirigendo lo sguardo all'avvenire, mi soffermo sulle peripezie dei secoli passati: lo slancio umano, mi sembra, è stato sempre più forte degli ostacoli da superare. Le maggioranze silenziose hanno proseguito il cammino della vita al di là delle roboanti e sterili profezie negative.

Apprezzo enormemente le città attrezzate di ogni bene necessario per vivere, esaltate per la loro bellezza e ricchezza, ma pure i centri negletti, i paesi cosiddetti 'arretrati', che tali non sono, perché conservano un'identità sublime, dove i vicoli e il paesaggio parlano al cuore, dove l'aria conserva la sua purezza di odori, di autenticità, di sfumature storiche ed estetiche che solo le persone sensibili colgono senza parlare.

Il mio Paese è la mia vita, la vita di tutti quelli che alzandosi al mattino guardano il cielo, l'orizzonte, montuoso o marino, con nuvole o col sole, e ringraziano l'infinita grandiosità dell'ambiente naturale concesso al proprio organismo. Su, con le proprie forze, ad agire, nel ritmo giornaliero: con impegno, sacrificio costruttivo, urgenze proiettate a ideali decisi verso il futuro, gli italiani generosi, che ritengo la parte più consistente del mio popolo, possono tendere all'ottimismo anche per figli e nipoti, avendo a mente di preservare dalla distruzione il patrimonio naturale e storico di cui godiamo. La politica cambia, i beni restano: i singoli cittadini ne siano consapevoli!

Post partum

Il parto è certamente l'espressione più sconvolgente e coinvolgente della personalità femminile, la conclusione più affascinante e misteriosa di un atto sessuale, l'inizio di una nuova fase nella vita di coppia, anche se si verificano casi di donne sole, senza partner ufficiali, senza compagno o, come si dice, sono *single*, per lo più straniere.

I libri, le informazioni di parenti e amiche, di ginecologi*e, aiutano indubbiamente le donne al grande momento, ma ciò che si vive dopo è unico per ogni partoriente.

Ricordo come ero felice dopo il mio primo parto, in ospedale, con mia madre accanto, premurosa (mio marito era lontano, a Pergine in Valsugana). Ma solo per poco: iniziarono subito affanni e interrogativi. Iniziarono i pianti del bambino, nato forse con qualche giorno d'anticipo o per cause a me ignote, iniziò la mia febbre che mi portò alla flebite, si manifestarono i primi malumori nella vita di coppia, le numerose fragilità che ogni donna vive dopo un evento così importante. Io le avevo doppie, per la malattia e per l'inquietudine su come gestire al meglio la vita di neomamma, una volta superata la malattia dall'infezione subita. Dipendevo in tutto dagli altri, stesa nel letto dell'ospedale e poi nel mio, a casa, a tu per tu con la morte in agguato per tanto tempo.

Il *post partum*, appunto.

In questi giorni, in cui vivo l'ansia per la guerra a cui la Russia di Vladimiro Putin sta sottoponendo l'Ucraina e, come persona sensibile verso chi soffre, verso chi è più debole, ho sentito con pena la sorte di donne costrette a partorire all'improvviso per terra, nella metropolitana di Kiev, in treni e autobus, in fuga verso la salvezza da bombe e missili. Non ci bastavano le pene delle 'migranti' nella loro corsa verso la salvezza in nuove terre, le pandemie da virus, da covid 19, diffuse ovunque, ci mancava solo un'altra guerra, con la minaccia di armi atomiche!

L'*igiene* della guerra, propagandata prima del 1915, non è attuale, fa paura, come ogni forma di aggressione verso il genere umano. Purtroppo, assistiamo ancora a tali forme di distruzione – di corpi e di opere – attraverso l'uso di mostruosi strumenti tecnici, inventati anch'essi da poderose équipe umane.

Alla tv ho ascoltato la voce di una donna ucraina *felice* per essere riuscita a partorire a Cosenza e non durante il viaggio di espatrio, con tutti gli imprevisti e gli ostacoli del caso. Non era sola, era accompagnata a sua volta dalla madre che, intuendo la pericolosità della guerra nel paese d'origine, era andata a prenderla e accompagnarla fino a Cosenza, luogo del proprio lavoro e domicilio.

Si dice che la natura deve fare il suo corso, che tutti gli animali, cioè le femmine degli animali, partoriscono spontaneamente, senza aiuto alcuno: il problema viene dopo. Il neonato non è il cavallino che si alza sulle sue quattro zampe poco dopo la nascita! Il bambino va accudito e la mamma pure. Certi traumi si superano, altri no. Il bambino accolto, amato, rispettato nei suoi ritmi di crescita, diventerà un adulto consapevole, dignitoso; non accettato, invece, potrà finire nei cassonetti della spazzatura, oppure subirà torture d'ogni genere da parte di chi gli vive accanto, non esclusa la morte. Quando ho letto del brigante *'U Vizzarro'*, un brigante dell'Ottocento, che ha strappato il bambino, il proprio figlio piangente, dalle braccia della compagna e l'ha scagliato contro il muro, per farlo smettere e morire, in modo da non essere scoperto dai gendarmi che lo cercavano, un moto di rabbia e di frustrazione terribile ha invaso la mia mente: mi sembrava il non plus ultra, peggiore della sorte toccata ad Astianatte, nell'Iliade di Omero, letta da me dodicenne. Invece leggo e sento ancora storie terribili, di figli e figlie che subiscono destini di morte per mano di chi li ha generati, di madri depresse e pessimiste all'ultimo grado, da padri pazzi, succubi da devianze psichiche. È una devianza criminale, che sgomenta, che rischia di diffondersi.

La depressione dopo il parto è un fenomeno noto, comune, per una madre, una fragilità consequenziale dopo il periodo di travaglio e affaticamento, anche se non è malata. Si parla di *instabilità emotiva,* legata a brusche variazioni ormonali che colpisce in media dal 25% all'85% delle donne, che può durare poco o per molti mesi. Riuscirà a superare gli intoppi, le quotidiane difficoltà tra allattamento, faccende, famiglia, rapporti sociali? Sì, se aiutata e in base alle sue esigenze. No, se troppo fragile, o incapace e poco compresa nel proprio ambito, senza trascurare l'eventuale anamnesi medica su precedenti patologie di natura ereditaria.

L'evento nascita conduce a una nuova intimità, a un pudore contenuto: l'attrazione verso il faro di luce, qual è il neonato, mobilita ogni risorsa, ogni meta; tutto il resto è secondario, compreso marito, cucina e cure personali, tutto regolarmente trascurato... come si suol dire. Si parla anzi della donna che diventa scialba, spettinata, non solo trascurata, per cui il marito o il compagno può trovare conforto ... altrove!

Senz'altro, è avvenuto il cambiamento di vita, una quotidianità stravolta, non immune da esaurimento psicofisico, da fatiche sovrumane che attendono ogni donna dopo il parto, unite a interrogativi cocenti, li ricordo anch'io, che macinano nel cervello: come fare ogni cosa bene, essere all'altezza della situazione, come usare le proprie forze, non soccombere, lasciarsi andare oppure no...

„Nessuno nasce imparato", recita un detto comune; il passaggio dalla teoria alla pratica comporta sempre rischi, variabili di esecuzione in ogni procedura; pure diventare genitori/genitrici, presenta difficoltà spesso insuperabili. Ogni madre impara 'servendo' il proprio figlio, tutte noi mamme abbiamo imparato il mestiere di madre, giorno dopo giorno, notte dopo notte, pannolino dopo pannolino. Ma chi aiuta la madre, chi la conforta, chi collabora con lei? Ha un marito comprensivo, un compagno affettuoso, dei familiari che la capiscono, la soccorrono? Non solo il bambino, istintivamente, teme l'abbandono della madre quando non è vicina a lui, anche la stessa madre ha paura dell'isolamento, di essere lasciata sola dal partner, da persone a lei care, dal ... destino! La letteratura, la vita intorno a noi, il micro e macro mondo in cui ci troviamo, i racconti di amiche, le critiche di amici su insofferenze femminili, ci indicano ogni giorno casi di madri malate di depressione, madri indolenti, apatiche, asociali, isteriche, assassine. Sono madri che trascurano i propri doveri, che reagiscono male alla sofferenza, incapaci di capire, di tollerare, di pensare in positivo, di non abbandonarsi. Invece succede che non ricevono riconoscimenti di merito per il nuovo frutto messo al mondo, ma insulti, bestemmie, accuse, atti di gelosia se non addirittura di minacce, di separazione dal coniuge o compagno che sia, specialmente se il neonato rivela difetti e qualche disabilità; ci sono uomini professionalmente stimabili, ma moralmente deboli nell'assunzione di responsabilità, che accettano la donna come amante, ma non come eventuale procreatrice di un figlio. La maternità in tali casi diventa un dramma, non il trionfo della vita.

Che dire di chi è costretta ad abbandonare il figlio appena nato? Tante mie amiche e conoscenti hanno adottato felicemente tali neonati. Una, addirittura, mi ha raccontato che più d'una volta ha ricevuto in affido temporaneo nella propria famiglia, bimbi in difficoltà che ha curato amorevolmente. Ma una giovane donna, una ragazzina inesperta, che si scopre incinta dopo un rapporto sessuale, voluto o imposto, come accetta tale evento imprevisto? Aborto o gravidanza? La morale è cambiata, da mezzo secolo a oggi, credo. Una volta era un errore gravissimo, attribuito al genere femminile, tutto quanto, era una colpa, sottaciuta o diffusa, con le conseguenze da sopportare o da nascondere. Ma oggi, con la diminuzione di nascite e matrimoni duraturi, ogni nascita è benedetta in Italia, salvo imprevisti. Ed è importante che la ragazza non sia costretta alla delusione, alla negatività, all'incubo dell'avvenire: questo, tuttavia è un altro discorso, che verte sulla prevenzione, sul rendere responsabile e cosciente del proprio status fisico ed etico ogni futura partoriente.

La presunzione

Giorni fa, leggendo un libro di storia locale, mi sono imbattuta in un nome che mi ha rievocato un episodio del mio primo anno di studentessa all'Istituto Magistrale. Domenico Romeo, attivo e stimato ricercatore di storia locale nonché amico, in *La Calabria nel Regno di Napoli* cita il parroco Pugliese per una manifestazione avvenuta il 23 settembre 1945 a Locri, quando erano in corso i festeggiamenti religiosi per i Santi Cosimo e Damiano. Un gruppo di persone chiese al parroco il permesso di far suonare l'inno *Bandiera rossa* alla banda musicale: egli rifiutò, ma qualcuno fece sentire una pernacchia, molesta agli orecchi del sacerdote, che non si trattenne dal reagire violentemente. Ci fu anche l'intervento dei carabinieri per dirimere la questione e allontanare i contendenti[12]. Da una parte, la protesta dei manifestanti contro il rifiuto attraverso la pernacchia, dall'altra parte l'offesa morale ricevuta dal sacerdote, che risponde con gli schiaffi verso chi l'ha proferita e che a me appare una forma tangibile di autoritarismo, di presunzione di potere maggiore. Non è scritto nel Vangelo „porgi l'altra guancia" a chi ti offende? Cristo insegnava l'umiltà, la tolleranza, non la sopraffazione. Mi domando: la sua presunzione di autorità gli proveniva dall'essere sacerdote, oppure era insita nel suo carattere? Negli anni Cinquanta del secolo scorso, tale sacerdote, lo ebbi per tre anni docente di Religione: grande fu la sorpresa, a quattro mesi dall'inizio del primo anno scolastico, e l'amarezza, di vedere nella pagella del primo quadrimestre il voto nella sua materia: 'Religione: insufficiente', proprio a me che allora ero molto devota, sapevo la messa a memoria, i canti religiosi, anche quelli latini, e seguivo la liturgia. Oggi meriterei insufficiente in religione, ma allora no. Anche il Preside fu sorpreso, confrontando l'insufficienza in tale materia in contrasto con i voti di gran lunga migliori in tutte le altre materie. Mi chiamò in Presidenza, complimentandosi per i risultati di tutte le materie eccetto che per la religione. Ma nemmeno io sapevo perché ero stata classificata male dall'insegnante. Lui, il preside Cosimo Zaccone, molto attento ai problemi della scuola, lo chiamò in presidenza per conoscere il motivo della mia insufficienza. La causa? Non avevo comprato il testo di Religione. Non solo non mi rimproverò il Preside per tale noncuranza (dovuta alle scarse risorse finanziarie familiari), ma me ne fece dono! Nel mio cuore conservo sempre la gratitudine per lui, che anche negli anni successivi mi fece avere quando possi-

[12]D. Romeo, *La Calabria nel Regno del Sud, 1943-1946. Dall'Armistizio del 1943 al Referendum del 2 giugno 1946*, Corab, Gioiosa Jonica, 2021, pag. 40-41.

bile il sussidio di qualche libro, ma non altrettanto per il docente Pugliese: anzi, disprezzo tuttora chi usa il proprio potere per danneggiare ingiustamente gli altri, gl'inferiori. Io ero alunna, ovviamente inferiore all'insegnante; tale insegnante mi danneggiò un'altra volta, in seguito, con una nota nel registro di classe per cui ebbi abbassato il voto di condotta nella pagella! Non era capace di fare l'insegnante, non aveva argomenti per coinvolgere gli allievi disattenti (feci io da capro espiatorio per tutte), come poi invece seppe fare il prof. Natale con le sue lezioni molto seguite durante l'ultimo anno di mia frequenza in Istituto. Questo docente, affrontava temi importanti, rispondeva alle nostre domande, anche di filosofia e di politica, di comportamento sociale e di obiettivi. Ricordo che ascoltai con interesse un suo discorso, durante un comizio politico, a Mammola, ma poi non lo vidi più. Il prof. Natale era una persona colta, il prof. Pugliese era una persona presuntuosa.

Di persone presuntuose ne ho incontrate diverse, munite di sfacciata vanità o di unta gentilezza nella loro ignoranza reale del prossimo, ma proclivi a pregiudizi di superiorità propria afferenti al ruolo istituzionale occupato, alla prevalenza sessuale, al ceto sociale, alla forza fisica, alla ricchezza, all'approccio attrattivo... Quante storie ho letto, abbiamo letto! di dirigenti che esercitano il proprio potere, anche sessuale, sulle proprie dipendenti, specie segretarie! Si prende a movente la seduzione, per entrambi i sessi: l'uomo a 'cogliere' il fiore della grazia femminile, la donna ad avvertire il fascino del sentimento nuovo. Ciò nel migliore dei casi, a volte a lieto fine, come in eventi di persone illustri o comuni che hanno continuato il rapporto in forma maritale per tutta la vita, ma molto spesso è avvenuto il contrario, con la parte soccombente proprio femminile. Una mia compagna di scuola elementare sposò un autista di autobus, il quale preferì sposare lei e non un'altra giovane con la quale aveva avuto un figlio, che non riconosceva. La mia compagna apparteneva a una buona famiglia benestante, l'altra era una popolana, conosciuta con il soprannome di '*Naci nigra*', cioè ramo nero, soprannome non attribuito a lei ma, credo, ereditato dalla famiglia. Il ceto sociale era importante. Non sarebbe stato lo stesso se fosse rimasta incinta la figlia di un professionista o di un benestante. Quelle come '*Naci nigra*' avrebbero dovuto vivere col 'peso' del bimbo da crescere o da abbandonare, destinate a fare le serve o i lavori più umili. Infatti, quante bambine e adolescenti, 'serve' in case di signori, venivano poi usate per sollazzi sessuali! Forse il proverbio che si cita quando non vanno bene alcuni fatti in famiglia, „i panni sporchi si lavano in famiglia", potrebbe avere una radice in tali comportamenti illeciti e scandalosi da custodire in segreta accettazione, per 'amore della pace', per vivere alla giornata. Ricordo la frase che mi disse molti anni fa Anna Maria, un'amica facoltosa: „non voglio serve a casa mia, mi sono bastate quelle di quando ero bambina nella casa dei miei genitori!" Ma nemmeno io volli colf fisse a casa mia, per farmi aiutare nelle faccende di ogni giorno, pur non avendo avuto esperienze in tal senso. Tuttavia anch'io nei miei primi anni d'insegnamento, sulla scia di esperienze positive di altri miei parenti e amiche, mi lasciai convincere di tenere a casa una ragazza che mi avrebbe poi seguito in avvenire anche da sposata. Mi bastarono pochi giorni per decidere: nessuna serva accanto a me, lavoratrici sì, nel bisogno, come faccio tuttora.

Un discorso vecchio quello delle serve, delle fanciulle, delle giovani inesperte, succubi della potenza sessuale maschile. Da secoli è stato così: per ignoranza, assuefazione, prepotenza? Nel Sud dell'Italia per oltre un secolo si è discusso e scritto sulla questione meridionale, non sulla questione femminile o sulla parità di genere. Noi donne abbiamo affrontato le nuove frontiere dell'emancipazione femminile, il cosiddetto 'femminismo' in varie forme, esagitate o graduali, con coerenza e razionalità, soprattutto dopo la stagione di proteste del 1968, riflettendo sulla condizione femminile di ogni tempo. Sono sorte associazioni con l'obiettivo specifico di promuovere ruoli e potenzialità femminili. Prima di tutto: la parità di genere, l'uguaglianza di diritti. Ma il problema è un altro, giacché non basta il riconoscimento legale, costituzionale, a livello teorico: è necessario l'uso quotidiano, la mentalità del rispetto, l'habitus – per usare una espressione della scuola gesuitica – cioè l'abitudine al comportamento corretto.

Un uomo uccide la moglie o la compagna o la fidanzata perché è stato lasciato, perché non accetta di essere abbandonato da chi lo accudisce e da cui pretende amore e sottomissione: non è presunzione la sua di ritenere la donna un suo possesso, una esecutrice di ciò che gli arreca piacere e utilità?! Purtroppo, alla donna, sin da bambina, è stato inculcato il senso di dover essere 'ubbidiente' al padre, poi al marito, ai figli; dover essere brava moglie, brava sposa: accudire a tutte le faccende, non stancarsi mai né negarsi a tutte le richieste sessuali del marito, oltre a tenere segrete e perdonate le sue scappatelle, e chissà quante altre forme di tradimento. Non era evidente fino a mezzo secolo fa la disparità di giudizio tra l'adulterio maschile e quello femminile? Pensiamo al vecchio 'delitto d'onore': l'uxoricidio non da condannare se effettuato dall'uomo per gelosia, ma da punire se fatto da una donna.

E qui dovrei aggiungere un'altra osservazione sugli impulsi sessuali di entrambi i generi: a livello di tradizione sociale, al genere maschile sono stati perdonati gli abusi; invece sono stati sempre inibiti e condannati al genere femminile al di fuori del matrimonio. La famiglia e la chiesa sono state, secondo me, le vigilatrici attente della dipendenza femminile; l'ignoranza, l'assenza d'istruzione, hanno fatto il resto. Madri ignoranti, assuefatte alla dipendenza, che cosa potevano insegnare di nuovo alle figlie, se la loro vita era misera, con gli unici obiettivi di conciliare il pranzo con la cena, oberate come erano da nidiate di pargoli affamati? Una volta, durante il mio cammino didattico, chiesi aiuto al collega sacerdote Giuseppe Romeo, fine poeta e conoscitore dell'ambiente locale, di darmi notizie sulla famiglia di un alunno, troppo silenzioso, messo in disparte dai compagni, per il quale era intervenuto un fratello in un Consiglio di classe, ma che mi aveva detto ben poco sul carattere di tale studente. Il collega mi descrisse una situazione estrema, non tanto per la povertà, comune allora in tante famiglie, ma per il giudizio che espresse sulle persone: „il padre non capisce nulla, la madre non conta niente, i figli fanno ciò che vogliono". Capii quanta sofferenza era nascosta nell'animo del mio alunno e me ne volli prendere cura per la sua istruzione e per renderlo accettabile socialmente; penso di esserci riuscita, perché imparò l'essenziale e poi seppi che imparò a lavorare nell'edilizia. Osservo: era un maschio, frequentò la scuola, ma quante femmine non poterono frequentarla regolarmente?! Alla ragazza che doveva impegnarsi nei lavori della propria famiglia, era proibito andare a scuola, sia primaria o secondaria. Non parliamo dell'Università! C'era un pregiudizio enorme presso alcuni, potremmo definirlo una specie di 'presunzione di colpevolezza' nei confronti delle studentesse: chi studiava fuori dalle 'mura domestiche', ossia al di fuori di precettori familiari o locali, era costretta a frequentare uomini, quindi potenzialmente colpevole di avventure e flirt, disonorando la parentela... Quanti inganni, quanta sfiducia nel soggetto femminile! Certo, la paura c'è sempre in lei di esagerare, di sbagliare, di non capire le intenzioni altrui, ma ciò è nella natura umana, può avvenire in qualunque ambiente, borghese o popolare, o anche aristocratico e oggi nel mondo dei vip; non è nella natura umana la discriminazione, lo è nella società, nella presunzione di classificare le persone in base alla ricchezza, all'istruzione, alla discendenza, alla religione, alla razza.

È la 'femmina' a dare la vita, a nutrire il feto in gestazione e dopo: grande dono, grande responsabilità, e grande rischio la gravidanza quando non è voluta. Come si comporta, che cosa risponde il maschio irresponsabile e superficiale alla ragazza che resta incinta dopo un rapporto sessuale, e gli dice di aspettare un bambino? „Io non lo voglio, non è colpa mia!"

È stata sempre addebitata alla donna, sia pure giovanissima e ingenua, l'imprudenza sessuale, giustificando tale 'peccato' come conseguenza della bellezza di lei sulle pulsioni 'selvagge', sugli istinti naturali del soggetto maschile. Ed ecco che la 'colpa' attribuita alla donna dalla presunzione secolare maschile di scaricare sull'altro genere i suoi difetti, è diventato un 'mito' in negativo, una giustificazione tramandata nei secoli, dai tempi di Adamo ed Eva, ma pure degli 'dei' pagani autori di prevaricazioni sessuali, se ci riuscivano, sia nei confronti di fanciulle, sia di ninfe e altre dee.

Quiz, test e questionari

Il mio primo quiz complesso e difficoltoso lo affrontai frequentando la scuola guida per conseguire la patente automobilistica. Né all'Università e nemmeno in precedenza nella scuola Superiore si usavano quiz o quesiti per prove scolastiche: ricordo soltanto che talvolta il mio prof di Lingua e Letteratura Latina Antonio Mazzarino[13], all'Università di Messina, per scandagliare la preparazione di base, ci porgeva un foglietto con domande prima di iniziare la prova orale. Erano domande su regole di grammatica e di sintassi, ma non a risposta multipla, bensì singola, non si metteva la crocetta sulla risposta ritenuta esatta fra quelle proposte, si doveva scrivere la risposta a sette o otto quesiti, più o meno, che dovevamo presentare quando ci chiamava per l'esame,

[13]A. Mazzarino (Catania 1923-1999), latinista e politico.

leggeva le risposte e poi ammetteva o negava il suo assenso a sostenere l'esame. Era molto rigoroso, conosceva il latino come pochi, sapeva parlare e scrivere in latino, anche in versi; faticai non poco a superare con lui tre esami orali di latino e uno scritto, più uno di Storia Romana. In tal modo si assottigliava il numero degli esaminandi, delle esaminande, che cominciavano a essere sempre più numerose in quegli Anni Sessanta. I docenti erano quasi esclusivamente uomini: ricordo – la mia era Facoltà di Magistero e vi si accedeva dietro superamento di un elaborato scritto di Italiano – c'erano soltanto due donne come assistenti, una del prof. Pecora, di Geografia, con la quale sostenni la prova pratica di cartografia, e l'altra era 'lettrice'del prof. Brunelli (titolare di lingua e letteratura Francese), di cui seguii le lezioni per poter poi svolgere il 'dettato' come prova d'esame aggiuntiva, pratica. Sarebbe giunta in seguito Maria Luisa Spaziani, sostituendo il Brunelli nella cattedra di Francese, più nota come poetessa e amica di Eugenio Montale. Non erano tempi facili per le donne: uscire da 'casa' significava affrontare contrasti sociali di opinione e di rischio, anche se veniva elogiata la cosiddetta 'cavalleria' maschile, che consisteva nel ricevere elogi per la bellezza giovanile oppure di vedersi cedere il posto a sedere nei treni e negli autobus.

„Chi dice donna dice danno", sentivo pure io questa diceria non sempre sommessa, poiché nasceva dalla costatazione che le donne 'occupate' toglievano il posto agli uomini! Si stava verificando una specie di concorrenza, lo si notava nei concorsi – che non erano ancora a quiz – in cui le candidate erano più numerose dei candidati, specialmente in campo scolastico. Anche io ascoltai spesso rimostranze nei miei confronti, nei confronti delle donne lavoratrici istruite, con frasi tipo: „voi donne ci rubate i posti!", „perché non state a casa a badare alla famiglia?", „che stia a casa, a fare la calza!", „la donna deve obbedire, non comandare", „donna libera, cerca guai…". Ma torniamo ai nostri quiz.

Cominciava a diffondersi pure in Italia un metodo che si diceva seguito in America, un esame che univa la prammatica alla democrazia: prove uguali per tutti, maggiore facilità di giudizio per i docenti. Iniziai a usarlo pure io in seguito, talvolta, prevedendone l'uso in diverse forme di esami e di concorsi. Infatti, divenne prova regolare agli esami di teoria per conseguire la patente automobilistica; anch'io mi preparai su un manuale pieno di centinaia di quiz. Ma non so se fu un privilegio (forse lo fu) o una difficoltà maggiore, la prova teorica la sostenni orale e non attraverso i quiz.

E che dire del *'quizzone'*, la terza prova degli esami di Maturità escogitata dagli esperti del nostro Ministero dell'Istruzione, consistente in un questionario su alcune materie non soggette all'esame scritto? Popolarmente è stato chiamato così, ma equivaleva alla terza prova scritta. Durante la mia carriera d'insegnante, non so quante volte sono cambiate norme e forme di esame, a tutti i livelli, senza contare gli ultimi due anni, frastornati dal covid 19. Certo, la scuola cambia, perché cambia la società: ma a mio parere il divario esiste sempre tra chi affronta con passione lo studio e raggiunge buoni risultati, e chi vi si dedica con superficialità e rimane indietro; in questo, le ragazze si sono sempre impegnate di più dei loro coetanei maschi per superare il dislivello sociale di valutazione, che favorisce di più i maschi. E anche in campo lavorativo la donna ha faticato a imporsi, rispetto agli uomini. Io stessa, ricordo i primi giorni in cui entrai da titolare di Lettere nella Scuola Media, molto difficili: il Preside Flora mi assegnò due classi, una seconda e una terza; con la seconda fu più facile, con la terza no. Qui erano alunni tutti maschi, avevano avuto docenti dello stesso genere, ora mi presentavo io, molto giovane (loro mi credevano una supplente) a imporre loro di studiare storia e geografia, di stare attenti, ma con quale autorità? Non mi conoscevano né volevano conoscermi, bisbigliavano in continuazione; si ritenevano tutti figli di papà. Mi decisi a usare le maniere forti, le maniere maschili, di essere dura. Non bastavano rimproveri e richiami. Una mattina diedi uno schiaffo a uno spavaldo, non mi importava venire magari richiamata dalla famiglia (che invece non seppe forse mai nulla perché il ragazzo aveva capito e accettato), ma non doveva essere calpestata la mia autorevolezza. Quello schiaffo mi salvò, anzi salvò la classe che cominciò a seguirmi, ad accettare il mio insegnamento. Voglio aggiungere che anni dopo dovetti costatare personalmente l'accettazione benevola da parte degli alunni, anche diciottenni e alla scuola Superiore, di schiaffetti dal loro docente di Italiano: era una forma di rimprovero corporale più sentito rispetto alla parola, fatto con dolcezza, non con cattiveria, secondo la dichiarazione del mio ex collega.

Al di là delle leggi, la tecnologia ha preso il sopravvento: tra web, social, google, e quant'altre forme digitali, discenti e docenti odierni sono sempre occupati a seguire le novità. Dal dialogo culturale in classe si è passati alla DAD, la didattica a distanza, a colloquiare attraverso computer e cellulari; anche gli elaborati scritti si eseguono in forma digitale, con continuo uso di sempre nuovi vocaboli inglesi. Fra qualche anno la lingua italiana non sarà più neolatina, ma 'english'. Per ammorbidire forse la sostanza di tale abuso di 'english', i giornali hanno pubblicato giorni fa la notizia che in Gran Bretagna si vuole riprendere l'insegnamento del latino nelle scuole pubbliche[14].

Questionari, quesiti, quiz sono memorie del passato: da un po' si usa il 'test', per non venir meno all'usanza imposta di utilizzare termini angloamericani. La moda è iniziata quando le università italiane, per contenere il numero degli studenti da ammettere alle Facoltà di Medicina, proposero una specie di pre-esame, appunto un test con domande di

[14]Notizia pubblicata il 1° agosto 2021: cfr. Orizzontescuola.it in https://www.orizzontescuola.it

vario genere da sottoporre ai candidati in un tempo limitato. Oggi sono migliaia i giovani che sostengono infinite prove con tali 'test', ma pochi di essi riescono a superarli; ci si lamenta della mancanza di medici in Italia, ma le facoltà di Medicina sono a numero chiuso e pertanto non sono molti gli studenti a giungere alla laurea e alla specializzazione.

Quiz e test, in fondo hanno formule limitate, non risultano democratici né capaci di valorizzare le peculiarità dei soggetti, che vanno al di là delle conoscenze matematiche, chimiche e letterarie. Chi propone le domande ha una visuale ben precisa delle finalità dell'esame e dei tipi di difficoltà a cui sottoporre i futuri studenti. Purtroppo mi è giunta voce pure su traffici segreti legati allo svolgimento dei test che coinvolgono alcuni soggetti dietro celati interessi finanziari di parecchie università private: ovviamente sarebbero solo mosche bianche quelli che riescono ad accedervi pagando sonoramente reticenze e accorgimenti. Sarebbe meglio, è parere di tanti, dare a tutti la possibilità di accedere: saranno l'impegno e gli esami del primo anno a dare la prova delle capacità dello studente a proseguire o ad abbandonare tali studi.

Dal verbo latino 'quaero' (domandare/chiedere), a quesito, questionario, questione, questua; da 'quis, quid' (chi/che cosa), a quiz: chi non ha seguito poche o tante volte spettacoli e talk show televisivi basati su domande e risposte proposte attraverso i quiz? Il primo, il più simpatico a più generazioni di italiani fu il Musichiere condotto da Mario Riva agli inizi della televisione presente quasi in ogni famiglia, e poi con le varie annate di 'Lascia o Raddoppia', trasmissione condotta da Mike Bongiorno. Il quiz ha assunto la forma di gioco e anche di traguardo economico: infatti, per tanti è divenuto un trampolino di lancio non solo verso una possibile attività nel mondo della comunicazione, ma pure una risorsa economica, per la vincita di premi ottenute dalle risposte esatte ai quiz proposti.

Il test è rimasto nella posizione più seria: basta pensare al 'test di gravidanza' per la donna, e agli esami clinici che stanno dietro una sfilza di sigle mediche. Sono poi le macchine computerizzate a dare le risposte ai dati immessi dal biologo competente. Ricordo il mio ultimo test di gravidanza, fatto con l'esame delle urine presso il laboratorio di Analisi Cliniche; avevo superato i quarant'anni, leggevo allora varie notizie sui figli nati con patologie da madri ultraquarantenni, figli con handicap, o autistici o con deformità corporali: non nascondo la mia paura, anche perché avevo già due figli grandicelli, non ne desideravo altri: paura che si attenuava di giorno in giorno pensando in positivo, su una mia cognata che aveva partorito un figlio magnifico alla mia stessa età, a una mia ex alunna intelligentissima nata da una madre di 49 anni. Mi ci stavo abituando all'idea, mi sembrava già un dono, ma che crollò col risultato del test clinico negativo!

La pandemia da coronavirus ci ha informati su nuovi tipi di test, ossia di esami in laboratorio biologico: test sierologico, per misurare la presenza degli anticorpi nel nostro organismo, il test rapido covid, detto anche antigenico, mediante un tampone naso-faringeo; alcuni virologi hanno spiegato la natura del virus. È una molecola nuova? È nata in laboratorio o dove? Prende il sopravvento e si moltiplica nell'organismo animale o umano: è così? Conseguenze: danni e morte alle cellule. Il virus non è un batterio, o un germe, non è un elemento vivo autonomo, ma una specie di parassita delle cellule vive: è sempre un'entità biologica, come è scritto nel dizionario, ma resta e si sviluppa a spese di altre cellule. Forse anche per la sua consistenza intrinseca, l'esame di laboratorio viene indicato come test molecolare.

Quando decisi, qualche mese fa, di fare il vaccino anticovid, mi vennero consegnati vari fogli con domande e informazioni a cui rispondere: risposi e venni ammessa alla successiva inoculazione alla sommità del braccio, nel centro designato. Non aggiungo altro. Siamo sottoposti in continuazione a quesiti e richieste che non finiscono... mai.

Repressione e rabbia

Gli incendi estivi che ogni anno si ripetono in varie località collinari e montane del mio Sud mi causano tristezza, rabbia repressa, pessimismo. Ecco perché ho messo insieme 'repressione' e 'rabbia': nella sostanza, sono diverse, ma nell'attuazione rivelano cause simili. Quante volte io, e chissà quante altre come me, abbiamo perso la pazienza a sopportare ingiustizie e abbiamo espresso violentemente la rabbia, con qualche frase incandescente, urla, rimproveri, lamentele. Le bambine, più dei maschietti, sono state abituate a contenere sempre gli impulsi, a controllare i comportamenti in relazione alla morale vigente, a non essere isteriche né sfacciate. Da quando la parità di genere e le mode sociali hanno preso il sopravvento, è cambiata la mentalità genitoriale e a entrambi i sessi vengono concesse più libertà. Ma lo è per tutti?! Non credo.

Ritorno agli incendi. Tanti esprimono la propria rabbia contro i piromani, tanti si impegnano ad arrestare i fuochi, con risultati insufficienti. Fiamme alte 60 metri, olivi divenuti candelabri roventi, pinete che invano tendono i rami verso un cielo indifferente, faggete che custodivano segreti di animali e di sottobosco per secoli! A chi raccontare tali miserie! A chi sorride davanti al proprio cellulare notando le distruzioni? A chi ha cambiato il Ministero dell'Agricoltura in quello delle politiche agricole alimentari e forestali? Tutto è diventato politica spicciola, il minimalismo filosofico è diventato esercizio politico. Non ci sono i grandi progetti come quelli instaurati dai primi governi nazionali democristiani. Abbiamo visto crescere le foreste, arricchirsi di nuovi germogli, curati da operai che pulivano anche il sottobosco e prevenivano gli incendi. Oggi pullulano le start up, le aziende innovative sostenute da aiuti provenienti non so da dove e attraverso quali vie. Mi sa che adesso qualcuno potrebbe pensare a start up contro i fuochi...! No, che dico? Ci sono già i vigili del fuoco, ben addestrati e presenti nel territorio, che fanno del loro meglio per bloccare i fuochi, non i grandi fuochi dove è necessario l'intervento di canadair, capaci di contenere sei metri cubi d'acqua che prendono dal mare o da laghi e poi versarla dall'alto sui luoghi in fiamme: alto è il loro costo, dai 6.000 ai 10.000 euro, e oltre, per ogni ora di canadair.

Contro l'inquinamento, contro la desertificazione, non ci sono che gli alberi, i cespugli, i ruscelli.

A chi giova la distruzione del patrimonio agricolo e forestale? Ho letto la breve storia di uno che è morto cercando di salvare i propri animali dall'incendio: un pensionato ritornato da Genova nella natale Grotteria per vivere in pace curando il suo podere in campagna, le galline e i gatti. Sentendo notizie su incendi montani, pensò di controllare personalmente il suo eden terrestre, ma non fece in tempo a salvarlo, né a salvarsi. Il figlio preoccupato di non sentirlo al cellulare e non trovandolo a casa in paese, decise di recarsi nella località che sapeva curata dal padre, dove c'era pure un'abitazione rurale. Ci andò e lo trovò sotto una lamiera del tetto crollato: cercò di scuoterlo, di rianimarlo, ma era morto da ore. Tutto intorno era bruciato. Altre persone sono perite, ferite, dagli incendi, accanto a perdite d'ogni genere. Perché non prevenire? Perché aspettare che si appicchino i fuochi? Come ci sono le autoambulanze per feriti e malati, così ci dovrebbero essere mezzi terrestri e aerei per eliminare focolai, ma soprattutto individuare motivi e autori di tali sfaceli. Una volta si dava la colpa ai pastori che bruciavano perché poi spuntasse l'erba verde per le capre, ma oggi non vedo più greggi sui terreni privi di cespugli e di alberi.

Sono altri i soggetti interessati agli incendi e le ipotesi sono le più diverse, legate a opinioni e vantaggi egoistici, individuali o di gruppo.

Può essere anche la rabbia, l'odio contro qualcuno o qualcosa. „Muoia Sansone con tutti i Filistei!“ si dice quando si è al culmine della rabbia contro tutti e tutto, ricorrendo all'aneddoto biblico sul mitico, fortissimo Sansone: si cerca la fine non solo dei borghi, dei villaggi arroccati in zone spettacolari, ma di tutti i territori circostanti.

Non c'è che dire sull'agire diabolico tra due limiti, dell'intelligenza e della stupidità, sia della ndrangheta sia della distruzione dell'ambiente. Oppure sono legate le due azioni? La repressione della criminalità va disgiunta dalla cura dell'ambiente, della natura: questa deve essere alla base, costituire un diktat mentale, irrinunciabile; l'altra è successiva, è la pena per chi non rispetta il diktat morale per la salvaguardia del territorio. Lo scrittore Fortunato Seminara [15] in una notte di Natale ebbe distrutta da un incendio la propria casa, con tutto ciò che conteneva, libri e manoscritti, a Maròpati, piccolo borgo reggino, dove si era stabilito per dedicarsi a studi e scrittura di romanzi e saggi. Amareggiato e deluso, andò poi via dal paesino, andò a Grosseto dal figlio Oliverio, ma per morire qualche anno dopo. Non sempre la causa di un incendio è l'incidente accidentale, ma può essere provocato da spirito di vendetta, sia pure celato da falso e apparente rispetto.

C'è un tipo di rabbia che mi fa paura – ma anche la repressione che giunge all'eccesso se porta una persona all'esaurimento nervoso e alla malattia – quando è incontrollata: ho visto molte scene, in varie situazioni. Il soggetto è agitato, tormentato, volto rosso, mani e occhi in movimento, frasi offensive e oscene urlate in continuazione, controbatte accanitamente all'avversario (o ritenuto tale), non accetta ragio-

[15] F. Seminara, 1903-1984. Narratore e studioso della civiltà contadina.

ni: difende la sua e basta. Quando succede a me di dovermi difendere da qualche accanimento verbale altrui, per un po' controbatto, poi lascio di proposito: meglio dar loro ragione, ai violenti, e allontanarsi, piuttosto che cercare di ammonirli o ammansirli, per la mia esperienza. Quando il sangue a uno va alla testa, quando l'ossessione domina il giudizio, nessun consiglio altrui riesce a penetrare nel suo cervello, purtroppo. Una volta mi è capitato addirittura di dovermi mettere a correre, a scappare quasi da un tizio inferocito davanti alla scuola dove insegnavo; molestava le ragazze che aspettavano fuori dal cancello il suono della campanella per entrare in classe. Quella mattina, vedevo con i miei occhi questo tizio, alto, con gli occhi lucenti: gli dissi con tono autorevole, credo, di lasciare in pace le studentesse, di non molestarle, altrimenti avrei avvertito i carabinieri. Non l'avessi mai fatto! Si stava lanciando contro di me, con le mani alzate e la voce tonante contro i carabinieri e contro di me. Mi misi a correre, lui mi seguì per poco, poi abbandonò. Alcuni miei alunni di allora avevano visto la scena e poi mi raccontarono che non faceva male a nessuno, era pazzerello e si scatenava se si nominavano le forze dell'ordine per impaurirlo. A un'altra mia ex collega successe pure un fatto simile. Non ricordo il suo soprannome, per cui era conosciuto, sopportato o schivato. Non commise reati, come fecero tanti altri uccidendo parenti o amici in preda all'ira, solo forse qualche follia come ad esempio di attraversare 'nudo' un pezzo di strada vicino al passaggio a livello ferroviario ...; penso a quanti, in un passato ormai lontano, dopo qualche scena di rabbia scatenata, si trovarono catapultati in un manicomio! Povere donne isteriche, poveri uomini iracondi, che non trovavano conforto all'interno delle proprie famiglie! Ben vengano dunque le terapie abilitative, le psicoterapie di tanti esperti nel settore.

La schiettezza

Tempo fa, è morta una mia cara amica, amica di famiglia. Abbiamo ereditato l'amicizia dalle nostre mamme e continuato nei rapporti reciproci che la vita ci ha messo di fronte. Nel breve necrologio da me espresso in chiesa, durante i funerali, ho messo in rilievo due sue doti: la schiettezza e l'altruismo. Perché schiettezza e non sincerità? Perché altruismo e non generosità? Ci ho pensato dopo, sulle motivazioni della mia scelta linguistica. Infatti, alla base dell'amicizia ci deve essere sincerità, non ipocrisia né secondi fini. La schiettezza mi ha riportato alla sua etimologia, all'aggettivo *schietto* e ai suoi usi in svariate espressioni: *vino schietto,* di un vino che conserva le sue doti di origine senza altri additivi; *parlare schietto,* cioè esprimersi con sincerità e senza giri di parole né retorica né sdolcinature verbali; nella mia lingua locale, quando il dialetto aveva un largo uso, una giovane donna era *schietta* se era nubile, altrettanto il giovane scapolo era detto *schietto*. Pertanto, il termine ci rimanda al valore della purezza, dell'illibatezza di una persona che, essendo all'inizio della gioventù, non utilizza le menzogne venali che affiorano nell'età matura.

Giovanni Pascoli in suo scritto famoso (*Il Fanciullino*) parlava della spontaneità, dote insita nei fanciulli e anche nei poeti. E forse nell'amicizia, come nella poesia, è fondamentale la schiettezza del sentimento, il linguaggio limpido che scaturisce dal profondo di ogni creatura. Ciò ci richiama ai valori essenziali che stanno alla base dei sentimenti: non basta essere sinceri – nei rapporti amicali – dire la verità a tutti i costi e in qualsiasi modo: alla base ci deve essere il rispetto, la considerazione dell'altro, la misura delle parole, l'intenzione benevola e non malefica. La mia amica Maria era schietta di vita e d'animo, non ingenua né vincolata a pregiudizi, ma misurata e tenace.

La verità 'nuda e cruda' è allora alla base della schiettezza?! Dalle testimonianze di vari casi successi, pare proprio di sì. Gli unici vincoli per sottacere sarebbero il 'come e quando'. Il pettegolezzo non è la verità, è solo una opinione superficiale su un fatto incerto o inesistente.

I figli adottivi soffrono molto se apprendono la verità della loro origine da estranei indifferenti, magari maligni e in forma offensiva: meglio se la sanno in famiglia e il prima possibile. Ricordo un mio vicino di casa di molti anni fa, Antonio, se non ricordo male, che conobbe i suoi genitori biologici quando si sposò: sapeva di essere stato adottato, all'inizio della seconda guerra mondiale, come tanti altri in quel periodo giacché le coppie che li adottavano ricevevano anche sussidi dallo Stato, ma non sapeva chi fossero. Dovendo esibire documenti anagrafici per il matrimonio seppe il nome della madre e della città: Messina. Li volle conoscere, l'incontro fu positivo per entrambe le famiglie: la madre biologica era sposata e con figli, volle venire a conoscere pure la famiglia adottiva. E fu amicizia e gioia. Di casi simili ce ne sono una infinità, sia pure senza identici risultati: non tutti, madri o padri biologici o loro figli accettano di buon grado il proprio passato, lo hanno rimosso, la verità appare un peso doloroso, da rifiutare. Infatti, la verità presenta diverse sfaccettature, non tutte felici, non tutte 'tagliate' bene. Spesso, qualcuno nella ricerca difficoltosa dei genitori biologici, rimane deluso dopo averli incontrati, a volte rabbioso, per cui non si instaurano relazioni affettive, come invece era successo ad Antonio.

Il problema più grosso si verifica nel cosiddetto triangolo: l'amante in mezzo a una coppia di marito e moglie... Può essere la 'fedele' amica della moglie, oppure il 'fedele' amico del marito, a intromettersi nel menage familiare e da terzo incomodo trasformarsi in 'amante'. Che fine hanno fatto la sincerità, la lealtà, la fiducia nel rapporto di amicizia nell'insorgere di un sentimento nuovo, diverso? La schiettezza e la dissimulazione qui giocano i propri ruoli nel tentativo di predominare, con le loro influenze di scottature morali e di liberazione o sofferenza. Mi viene in mente il tradizionale *comandamento* … scelto da ogni fedifrago marito: „negare, sempre negare"! Negare il tradimento. Il soggetto che, invece, sceglie di rivelare la propria relazione extraconiugale, è consapevole, responsabile, corretto. La coscienza svolge un ruolo fondamentale, in ogni caso, e fa il paio con il carattere della persona.

Separazioni e divorzi non sono una novità da quando in Italia è stata approvata la Legge Fortuna-Baslini (1 dicembre 1970) e dopo pochi anni il nuovo diritto di famiglia del 1975 che sancisce la parità tra i coniugi: purtroppo, i numerosi atti di violenza e i femminicidi registrati dalle cronache negli ultimi decenni rivelano gravi lacune nella formazione mentale di tanti individui. La presunzione di forza, talvolta, cozza con il senso di schiettezza: se uno ha un carattere violento, si arrabbia con facilità o si ritiene il *dominus* di ogni situazione, non accetta soluzioni contrarie al proprio potere, è capace di compiere azioni spregevoli. Le donne che non assecondano mariti o compagni violenti, subiscono persecuzioni, ferite, incendi, spruzzi di acidi caustici, vendette e assassinii. Questo argomento mi molesta troppo psicologicamente, per il ricordo delle vittime segnalate in continuazione in tutte le società. C'è una vasta letteratura in proposito, oltre a inchieste giornalistiche e televisive su fatti sconcertanti di cronaca nera.

Mi interrogo anch'io sull'effettivo valore di un comportamento schietto e sincero: lo posseggo in misura sufficiente? Nel passato molti mi hanno detto di sì, che esprimevo senza timore il mio pensiero e non solo, ma qualcuno mi riprendeva, che sbagliavo a essere diretta e … ingenua! L'educazione ci consiglia la prudenza. Ed io non sempre riesco a essere 'schietta' verso gli altri. Non credo di avere questa dote, che mi piace tanto. Rimuginando intorno a tale argomento, mi rivedo adolescente, alle prese con uno spasimante sgradito, che mi seguiva con i suoi giri in bicicletta e sorriso costante quando camminavo per andare a prendere il treno che mi portava nella mia scuola. Sentivo ciò come una persecuzione, ma non ebbi il coraggio di dirglielo in faccia, di sgridarlo, lo dissi invece alla mia amica del cuore Gerarda, che lo confidò alla madre, la quale poi di sua iniziativa, credendo di far bene, fermò quel ragazzo, lo minacciò con veemenza. È vero che il suo obiettivo era quello di proteggermi, di difendermi, ma ricordo che ciò non mi piacque, mi sembrava che il suo intervento sminuisse l'azione dei miei genitori. Il risultato per me allora fu sul piano dell'amicizia: non considerai più amica del cuore Gerarda, né volli mai più altre amiche del cuore, niente segreti da confidare, altrimenti non sono più segreti… Solo che a volte il segreto è un segreto di Pulcinella, non vale niente, e inoltre la psicoanalisi ci ha confermato l'utilità di comunicare, di confidarsi, di superare alcune fobie relazionali attraverso il dialogo interpersonale.

Penso che ciò sia una forma di schiettezza interiore, un fare chiarezza dentro di sé: conoscere i propri limiti è altrettanto importante quanto riconoscere quelli altrui. Ci fa bene imporci dei vincoli che non siamo capaci di sostenere? I vincoli da noi scelti, diventano nostri doveri, che ci condizionano e che abbelliscono la nostra vita, quali sono ad esempio i legami parentali, tra genitori e figli e viceversa, oppure di lavoro, con contratti scritti, dove spesso la limpidezza è un ordine e gli errori vanno chiariti.

Scienze e donna

È mai possibile che nel corso dei millenni siano stati solo uomini a sperimentare, a tracciare risultati di scoperte scientifiche e di invenzioni utili all'umanità? È vero, ci sono giunti nomi di tante poetesse, regine, imperatrici, maghe, ma non altrettanti di filosofe o matematiche dell'antichità classica e nemmeno biologhe, astronome e medichesse; anche il medioevo è stato molto parco di eccellenze femminili geniali. La *sapienza* fu sempre privilegio maschile, come pure l'ozio letterario dei latini. Il cristianesimo concesse la santità alle donne virtuose dopo la morte, non l'esercizio sacerdotale durante la vita.

Pregiudizi, prepotenze, tradizioni secolari, gerarchie istituzionali, hanno ostacolato l'evoluzione femminile, asservita da sempre alla *supposta* superiorità maschile. Quante volte abbiamo letto di dipinti, opere letterarie e artistiche fatte da sorelle, mogli, parenti di uomini che hanno ascritto a sé tali produzioni?! Penso che altrettanto sia successo alle donne che abbiano contribuito a sperimentazioni agricole e artigianali, per migliorare la vita e l'alimentazione, ma ascrivendo tutto alle capacità maschili, più meritevoli di menzione, in base a parametri sociali collaudati da secoli. Anche gli *chef* di successo nella gastronomia odierna si sono appropriati della cultura casalinga tradizionale e femminile, per ulteriori innovazioni e modificazioni, e solo in tempi recenti giovani *chef* al femminile gareggiano con i colleghi dell'altro sesso. Nemmeno io fui libera di scegliere la facoltà universitaria, quando ne ebbi l'opportunità, solo una tra alcune umanistiche, alle quali potevo accedere in base al mio diploma di maturità. Se avessi potuto, avrei scelto anch'io una facoltà scientifica: mi piacevano molto la matematica e la chimica, ma non era possibile, me le riservai solo per miei particolari momenti di '*otium*' piacevoli.

Anche alcune prime donne laureate in Calabria predilessero le scienze, scegliendo Medicina: Maria Francesca Arcieri (di Castrovillari) e Maria Pia Medici (di Brancaleone) ai primi del Novecento. Amalia Bruni, di Lamezia, ricercatrice e scienziata, avendo avuta come 'Maestra' Rita Levi Montalcini ne ha continuato l'opera arrivando, in anni recenti, alla scoperta delle cellule degenerative causa dell'Alzheimer.

'Meritare' lo studio, il cammino nella scienza riconosciuta, per il genere femminile è stato un privilegio recente, segnato inizialmente dal passaggio dai salotti culturali ai laboratori scientifici.

Il grande e acuto narratore del Trecento, Giovanni Boccaccio, nel suo *Decameron* privilegiò le donne, ma come 'novellatrici' nella quota di sette a tre con gli uomini, per i dieci giorni di racconti, e dichiarò di rivolgersi per il successo del libro soprattutto a 'lettrici', non a lettori: ciò per rimarcare la dote della comunicazione riconosciuta da sempre nel carattere femminile, per la capacità di ascoltare e raccontare. Solo questo? No. C'era la condizione di '*intelligere*', d'intuire in profondità i messaggi delle pagine scritte, lasciando sottintendere l'istruzione di fondo nelle donne dell'epoca, soprattutto delle storie e della storia delle città.

Mi affascinò, nell'adolescenza, la figura di Maria Curie (1867-1934) per i suoi studi scientifici e per le scoperte sul radio e sul polonio. Ebbe il premio Nobel nel 1903, assieme al marito: avrebbe avuto il Nobel se avesse lavorato da sola?! Un altro Nobel le venne assegnato nel 1911, ma ormai insegnava alla Sorbona, prima donna ammessa a fare l'insegnante nell'Università più prestigiosa del tempo, nel 1906, dopo la morte accidentale del marito scienziato.

Di Maria Montessori mi interessai in seguito: eppure era stata lei la prima donna italiana laureata in Medicina nel 1896 e il suo nome era stato additato al Nobel, nel 1926, che non ebbe mai, anche se il suo metodo di apprendimento scolastico è tuttora valido e seguito in tanti Paesi.

La mia prima insegnante di scienze era donna, una giovane donna laureata da poco, bella e silenziosa, che non si faceva distrarre da nulla, sempre attenta e precisa: forse mi lasciai influenzare da lei nelle mie ricerche solitarie a capire il mondo animale e botanico; gli altri professori, di chimica, fisiologia, agraria, geografia furono insegnanti uomini. Credo che fino agli Anni Sessanta la maggioranza degli insegnanti era di genere maschile; solo nelle scuole primarie e dell'infanzia cominciavano a essere predominanti le maestre.

Sembra naturale la propensione delle donne verso i bambini e si pensa comunemente che siano pertanto adatte all'insegnamento verso i più piccoli: allora perché tante hanno scelto di dedicarsi a discipline che impegnano a indagini dal vivo, a esercizi di memoria e di laboratorio, a calcoli e simboli sempre più vasti e non sempre remunerativi? Penso a chi passa la vita in ricerche, al chiuso, tra alambicchi e provette: quanti sacrifici e solitudine a svolgere tali compiti in silenzio! Ma anche per i matematici, non può essere sempre allettante vagare tra cifre numeriche e algebriche, a teorizzare leggi spaziali e stabilire relazioni probabili, codificandole in simboli. Però, per concretezza di riflessione, devo ammettere che non è sempre allettante il lavoro domestico, passare ore in due metri di cucina, davanti ai fornelli, oppure accudire di notte a neonati piangenti... o malati. La scienza può aspettare, un bambino no: un figlio chiama, una madre risponde, perché l'amore è forza, l'amore è vita. Questa molla ha rappresentato la chiave nelle mani dell'uomo, per secoli, nell'eternare la consuetudine per la donna di essere la 'vestale' della famiglia, *incoronandola* di obblighi di competenza. L'istruzione, le competenze culturali, erano un'aggiunta, un'aureola alle sue doti femminili, nei giudizi maschili, non nella realtà concreta, nell'uso dell'intelligenza posseduta dalla nascita in ogni persona, maschio o femmina che sia.

Il problema si pose quando le sue competenze potevano cozzare con quelle maschili, consacrate dalla tradizione che voleva avvocati, notai, sacerdoti, dottori fisici solo di genere maschile. Infatti, anche Shakespeare nella sua commedia *Il Mercante di Venezia* colloca Porzia nel ruolo di avvocato difensore dell'imputato Antonio, ma in abiti maschili, dichiarandosi delegato di un altro, vero, avvocato, con documenti probanti. Atti e mansioni maschili furono spesso finti da donne-soldato, da brigantesse, camuffate con pantaloni, cappelli, armi, prettamente maschili. La prima donna laureata in Italia, in Filosofia a Padova nel 1678, Elena Corner, non poté esercitare alcuna professione o fare carriera: godeva della fama di donna molto dotta in varie discipline, ma benedettina oblata era, e tale rimase. Non le fu nemmeno concesso di laurearsi in Teologia!

La 'rivoluzione silenziosa' delle donne si svolge nel Novecento, anche se spiragli di novità si verificano nel secolo precedente; sono le scienze umanistiche ad accogliere maggiormente le studentesse all'inizio, ma poi i vari rami scientifici suscitano curiosità, spirito innovativo, concretezza d'impiego, desiderio di sperimentazione e pertanto si diffonde sempre più la frequenza femminile nelle università. Conosco tante storie di amiche e conoscenti sulle loro scelte di facoltà universitarie. Una mi raccontò della sua decisione improvvisa e contro la famiglia, di iscriversi a Medicina, per la delusione provata durante gli esami di Maturità; altre due scelsero Matematica per aver frequentato il liceo scientifico con grande impegno; un'altra scelse Medicina per cambiare studi, per curiosità verso uno scibile sconosciuto; altre due preferirono Biologia per il desiderio di sperimentare; una mia cugina predilesse ingegneria nucleare perché allora rappresentava un mondo nuovo a Torino, negli Anni Ottanta. Quanto ho ammirato l'astrofisica Margherita Hack! E le ultime novità: sulle donne che volano nello spazio, lontano dalla terra, le cosmonaute, come Samantha Cristoforetti! Non solo l'universo si espande, come affermano gli scienziati che scrutano i limiti delle galassie, ma mi pare che pure il potere conoscitivo femminile è in espansione.

Le ostetriche di oggi non furono le classiche 'levatrici' che da millenni si dedicarono alla nascita dei bambini? Quando si affermarono i Comuni nel '600, le 'università' comunali avevano al loro interno la presenza di levatrici e di dottori fisici (medici), oltre a notai ed ecclesiastici con ruoli specifici. La conservazione di ruoli distinti tra professioni maschili e femminili venne a cozzare poi con le nuove esigenze di istruzione e diffusione delle idee. Anche le guerre causavano un'infinità di cambiamenti: le donne dovevano sostituire gli uomini nelle fabbriche, nelle attività agricole e artigianali, nel commercio, nell'amministrazione ...

L'idea di tanti probabilmente era di considerare le donne come 'supplenti', come sostitute degli uomini in caso di necessità; è noto quanto spesso le vedove abbiano lavorato in casa e fuori casa per crescere e mantenere i propri figli con enormi sacrifici. Questo venne sempre giustificato, in nome del lavoro come necessità, non per scelta.

Fu, o forse ancore lo è, difficile svolgere una professione per libera scelta personale. Il 'peso' delle influenze esterne, della famiglia, dell'ambiente in cui si vive, delle prospettive future, giocano spesso nelle decisioni, senza parlare del lato economico, giacché il costo in imposte, libri, residenza in alcune facoltà universitarie è alle stelle!

Scuola pubblica e scuola privata

Nella mia lunga carriera d'insegnante, le ho sperimentate entrambe, in diverse forme. La scuola pubblica mi ha offerto maggiori soddisfazioni di carriera professionale e di sicurezza economica, rispetto alle private, anche prestigio personale, dato che vi si accede con esami e concorsi da superare; invece, secondo la mia esperienza, sotto il profilo didattico, morale, creativo, empatico, non cambia il risultato, sia riferito alla scuola pubblica sia privata. Una volta intendevamo come scuola pubblica quella statale, gestita e finanziata dallo Stato attraverso le norme stabilite dal Ministero dell'Istruzione. Ma allora era obbligatoria solo la scuola elementare, mentre il Ginnasio, il Liceo, altri Istituti scolastici erano facoltativi e meno numerosi di quelli odierni; per Scuole private si intendevano quelle gestite dalla Chiesa, o da Enti laici con docenti volontari che preparavano chi voleva sostenere esami d'accesso a scuole e istituti statali.

Poi l'obbligo scolastico si prolungò di altri cinque anni, proliferarono un'infinità di Enti Scolastici, pubblici e/o privati, statali, religiosi, parificati ... fino ad arrivare alle odierne *Agenzie Educative*, con varie tipologie d'istruzione, e alle Università online, partecipate, oppure con Sezioni distaccate! Fino a qualche anno fa, nel mio comprensorio c'erano due Sezioni distaccate dell'Università di Messina: una di Scienze Politiche, l'altra per Assistenti Sociali. C'era anche l'Università della Terza Età, ma solo per fini culturali, senza titoli da conseguire (anche da me frequentata), ma chiusa anche questa da parecchio tempo. L'ultimo trentennio del Novecento ha visto fiorire molte attività culturali e progetti formativi scolastici e universitari in diverse forme, in diverse discipline, in Calabria, che ha visto affermarsi i tre poli universitari nelle province di allora, Reggio, Cosenza, Catanzaro.

Il mondo della scuola è molto complesso, ramificato: va dalle scuole materne alle Università e oltre, con *stage* e seminari. Una obiezione qui mi si può porre: l'Università non è 'scuola', secondo la concezione tradizionale ereditata da secoli. Infatti, in Italia, nel corso dei vari Governi del dopoguerra, l'Università non è stata sempre unita all'Istruzione, ma ha subito vari accostamenti: Università e Turismo, Università e Ricerca scientifica, oppure unita a Spettacolo; nel 2021 è Ministero dell'Università e Ricerca. Dal momento in cui i bisogni culturali si innalzavano e gli Istituti Superiori non garantivano più i soliti sbocchi professionali, fu necessario aprire agli studi universitari un maggior numero di studenti, per cui si allungò il periodo scolastico. Faccio un esempio. Fino al XX secolo bastava il diploma magistrale per insegnare nelle scuole materne e primarie, cioè nei primi otto anni scolastici: oggi ci vuole la laurea e pertanto occorre frequentare l'Università. Reggono bene, ancora, senza proseguimenti per facoltà universitarie, le scuole professionali, specialmente quelle alberghiere, per l'enorme impulso odierno dell'enogastronomia, divenuta un'eccellenza culturale innovativa e concreta.

Il mondo della scuola ha segnato la mia vita lavorativa: essere insegnante è stata una mia scelta, l'ho capito da quando ero studentessa e avevo piacere di esercitarmi con i piccoli alunni dove il docente di Didattica ci portava durante le lezioni dal vivo. Ero capace anche di improvvisare, se si verificava un'urgenza. La classe più bella era quella della maestra Maria Mileto, tutta dedita alla scuola, a Locri, e che in seguito ebbe l'onorificenza di Cavaliere della Repubblica italiana: divenne, lei, pure centro e anima del concorso di poesia Giugno Locrese, operante ancora oggi, ma diretto da altri.

Se ripenso a quegli anni, mi accorgo di come si confondessero allora nell'opinione pubblica scuole gestite dallo stato e scuole gestite dalla Chiesa. I genitori sceglievano di iscrivere i figli a scuole più comode, meglio accessibili, senza considerare né religione né laicità, oppure se statali o parificate. Quando il Vescovo della diocesi di Locri-Gerace[16] poté istituire un buon numero di asili (le scuole materne odierne) anche in villaggi sperduti, i bambini ci andavano perché potevano usufruire anche di pasti caldi gratuiti! C'era tanta miseria nel dopoguerra d'allora, ma pure tanta voglia di migliorare, d'imparare. In paesi e città erano presenti e diffuse scuole primarie e secondarie sia statali, sia gestite da Enti religiosi o laici. A Reggio Calabria, i nipoti di una mia cognata frequentarono scuole materne ed elementari cattoliche

---

[16]Pacifico Maria Perantoni, vescovo della Diocesi di Locri 1952-1962. È stato un vescovo combattivo e innovativo. Cfr. SALVATORE FUTIA, *Un vescovo al rogo. Il ritorno di Perantoni, il Vescovo del dire e del fare*, Grafiche Spataro, Ardore Marina, 2013.

pagando una piccola retta; per i miei figli scelsi quelle statali, eccetto per un solo anno di mia figlia, che frequentò la 'primina' tenuta dalle suore, con la maestra suor Angela bravissima.

Le scuole materne statali, oggi chiamate 'scuole dell'infanzia', per bambini/e dai 3 ai 5 anni, sorsero più tardi e pian piano sostituirono quelle laiche e religiose, ma non del tutto, visto che ce ne sono tantissime, di private, nel territorio nazionale.

Sussistono ancora scuole e istituti d'istruzione superiore gestite e dirette da Enti religiosi e/o laici che, però, devono operare secondo norme legali e scegliere docenti qualificati. Qui sta il punto fondamentale: in teoria tutto fila liscio, la normativa è sempre bene specificata, non ci sono difetti, ma nella realtà acquista molto valore la personalità del docente, un insieme di preparazione culturale, capacità didattica, autorevolezza.

Mi turba, ma voglio dirlo: tante Scuole Private del passato, sorte inizialmente con obiettivi reali d'istruzione verso categorie disagiate, si sono trasformate in 'procuratrici' di diplomi, con qualche scandalo venuto a galla. I difetti si rivelano... cammin facendo, in alcune Scuole Private, nei fini reconditi che man mano si evidenziano, con fini finanziari, favoritismi, illeciti invisibili; ma sono poche, per fortuna, mentre altre si reggono per prestigio di varie generazioni, magari con 'convitti' aggregati; ci sono ancora i seminari vescovili (da cui nei secoli scorsi uscirono giovani valenti anche non dediti al sacerdozio, poi divenuti professori), Accademie a indirizzi specifici, specialmente quelli musicali.

La scuola è buona se ci sono buoni professori, ma pure discenti operosi, intelligenti. Chi sono i buoni professori? Basta soltanto possedere un formidabile bagaglio professionale, avere bontà d'animo, per insegnare efficacemente? Credo di no. A un docente necessita un quid di creatività, empatia, autorevolezza, capacità di trasformare il materiale culturale astratto in cibo concreto e appetitoso, in modo che ogni discente non rimanga inerte, ma partecipi con volontà e dedizione al proprio processo formativo.

So d'immettermi in un terreno discusso e discutibile parlando di un altro tipo di scuola privata, meglio definita come 'insegnamento privato'o 'lezione privata', molto diffusa nel passato, un po' di meno forse oggi, di cui ho fatto esperienza pure io, sia da discente sia da docente: da discente per recuperare un anno scolastico, da docente per fare ad altri 'recuperare' materie' scolastiche, anni di frequenza, oppure di preparazione a esami e concorsi.

È molto impegnativo l'insegnamento privato, a cui deve corrispondere l'impegno da parte dell'allievo, accanto alle sue potenzialità. Si mettono in discussione le capacità di entrambe le parti: non si può insegnare ciò che non si sa, né si può imparare ciò che non si capisce né si vuole capire. Inoltre, per un buon insegnamento, occorre valutare il ritmo d'apprendimento di ciascun allievo, le doti d'intuizione, i livelli di abilità di astrazione, di concentramento mentale; mentre al docente non deve mancare un certo pragmatismo accanto a capacità didattiche, per commisurare lo scibile da interiorizzare da parte del discente, diluito in tempi di percorso formativo.

Ricordo il mio primo anno di scuola privata, quando dovetti imparare l'Iliade nei versi italiani di Vincenzo Monti, tanto difficili per me, ignara della lingua italiana poetica di primo Ottocento, ignara di mitologia e di storia greca...; invece mi fu facile imparare – due anni dopo e grazie all'adeguata mia preparazione aritmetica di base – l'algebra dall'insegnante, il maestro Sergi di Gioiosa, che me la insegnò in tredici lezioni tutta quella di un anno!

Tutti dovrebbero fare l'esperienza di scuola pubblica e privata: entrambe sono necessarie in momenti particolari della propria formazione. Necessità e privilegio, aiutare ed essere aiutati, per entrambi i generi, maschile e femminile, bambini e adulti di ogni età. Anch'io, nella mia terza età, ho avuto lezioni d'informatica per poter usare il computer e procedere poi all'autodidattica, imparando per tentativi col mouse, come il topo da esperimento chiuso in una stanza che corre di qua e di là per scoprire il buco da cui uscir fuori.

Il silenzio e la parola

Il silenzio, in una persona, può essere scelto oppure imposto, e sopportato. Il silenzio voluto per necessità propria è indice di riservatezza, di riflessione personale; ma può rivelare anche un aspetto comportamentale in soggetti solitari, o essere dettato da precauzione, da prudenza, specialmente in casi drammatici, in cui è indubbiamente d'oro, come recita il proverbio secolare „il silenzio è d'oro, la parola d'argento", nella effettiva saggezza di stabilire l'utilità di una parola in più o in meno.

Nel silenzio avviene il recupero di se stessi, l'ascolto interiore, opposto a quello esteriore; nel silenzio laborioso dell'anima, fluttuano liberamente pensieri ed emozioni, si accavallano, si combattono, cercano di mimetizzarsi o di esplodere verso una meta sopraggiunta, giacché la mente non disturbata dall'esteriorità rielabora il vissuto proprio e altrui, e può decidere su un prossimo atto, sul linguaggio opportuno. La notte, il sonno, la pace e il silenzio intorno diventano per ognuno di noi una efficace medicina di vita.

Chi non riesce a godere del sonno ristoratore, che mette in silenzio i moti dell'animo e i rumori esterni, sa quanto sia difficile affrontare le attività del giorno dopo. Ricordo quanto fu difficile per me superare periodi di residenza presso strade di grande traffico automobilistico, penso quanto lo sia per tantissime persone soggette a rumori incessanti, di qualsiasi natura, in ambienti soffocanti, per cui un'oasi di calma somiglierebbe a un paradiso terrestre!

Da bambina, io ero parecchio silenziosa, introversa: ciò non era bello, non era una dote, poiché essere socialmente aperte suscita simpatia e amorevolezza nell'ambiente intorno, come ho imparato più tardi; ma, in verità, anche il mio rione d'allora era scarso di bambini e gli adulti lavoravano tutti, uomini e donne, vecchi e adolescenti; avevo dimestichezza soltanto con due bambine, che erano più grandi di me e che poi partirono per l'Uruguay con tutta la famiglia. Nemmeno alla scuola materna ero voluta andare... né alcuno me lo impose. Invece, in età adulta, mi trovai a imporre il silenzio a me stessa in situazioni di diverbio, di discussione tormentosa, che non dava adito alla ragionevolezza, anzi poteva trascendere in situazioni pericolose. „Fine della discussione", questo era il mio monito, per evitare sproloqui inutili, poiché taluni non riescono a ragionare sotto gli effetti dell'ira o di alcolici e droghe. Anche nell'insegnamento avviene lo stesso: chi non vuole sentire, cioè imparare, non sente. È necessaria la volontà dell'ascolto, in ogni caso, per qualsiasi discente.

Il richiamo alla scuola, che ha rappresentato per me buona parte della vita, mi sprona verso la polarità della 'parola'. Il linguaggio è la dote conquistata dall'umanità nel corso di millenni, che fa meglio apprezzare la vita nella collettività. Esopo, il più grande favolista di tutti i tempi, l'aveva collocato in una delle sue favole, quella della 'lingua' – favole che in fondo anticipano le parabole del Vangelo di Cristo – in un episodio di vita sociale, un convivio in cui imbandire la cosa più buona, più preziosa per l'uomo. Che cosa c'è di più prezioso? La lingua! Era questo il consiglio dell'umile cuoco nei confronti del ricco padrone, che poi volle sfidare in una successiva bandigione amicale il proprio cuoco, servo di acuta intelligenza, proponendogli di fare un pranzo con qualcosa di pessimo. E il cuoco, ancora scelse la lingua, ovviamente di animali commestibili, non ... lingue di passero o di formica! dei nostri modi di dire, per indicare cibi insignificanti. La lingua, nell'accezione classica greca del nostro stimato Esopo, può quindi essere dono utile o malefico, a seconda delle occasioni. La 'lingua' può uccidere, oppure può salvare.

„*Palumba muta non può essere servuta*": il proverbio meridionale menziona la colomba, cioè una persona umile e dolce, ma timorosa, che se non chiede, parlando e non stando muta, non ottiene nulla. L'esercizio del dialogo, della domanda e risposta, del racconto di sé, sono fondamentali: nella mia vita d'insegnante l'ho adoperato spesso, e anche l'apertura verso la divergenza d'opinione e la diversità del pensiero si rivelano forme potenziali di accrescimento mentale.

Chi tace, acconsente: ma non sempre si deve tacere, per quieto vivere, per paura, per omologazione comandata, per promessa bugiarda. Quante donne hanno dovuto tacere per paura di gravi danni! Donne picchiate, con gambe o braccia rotte, portate in ospedale, costrette a dichiarare di avere sbattuto contro un mobile o di essere cadute per le scale...

A volte è la paura di guai maggiori che suggerisce alla donna offesa di tacere la verità, per prudenza o per sopravvivenza.

Tuttavia non posso tacere sulle madri che si sono rese colpevoli di aver taciuto le violenze fatte ai figli da familiari. Tacere in tali casi è segno di debolezza personale, non di prudenza, è segno di grande paura, paura di abbandono, di torture, di morte, altrimenti non si spiega come nel passato qualche donna abbia potuto nascondere agli altri la violenza sessuale del proprio marito sulla figlia; dicono che c'è di mezzo la vergogna, l'essere svergognati pubblicamente, in tale famiglia, per cui la donna opta verso l'occultamento del fatto. La verità poi viene a galla, viene sempre a galla, apertamente o segretamente, ma il danno è già fatto.

Oggi, da tutte le parti, si suggerisce alle donne vittime di violenze di non tacere, di non subire faticosamente, in silenzio, ma di parlare, denunciare i propri aguzzini, avere coraggio, cercare di salvarsi da chi le vuole opprimere. È questo un sentiero ancora tortuoso: non sempre se ne esce vincitrici e la miglior cosa sarebbe prevedere, evitare situazioni di rischio, considerare le variabili causate da persone, situazioni, ambienti locali, movimenti inconsulti, armi possedute, favoritismi, inganni.

La parola è testimonianza di verità, è verità essa stessa, compresa anche la pronuncia che esce dalle labbra, accompagnata dallo sguardo, a volte dalla mimica, o dalle lacrime, o dal riso, o tra i singhiozzi. La parola è canto, se espressa da poetesse, è storia se detta da scrittrici: le parole sono vita, succo della materia, forma dell'essenza umana. Forse per la grande importanza attribuita al linguaggio orale e scritto, gli antichi Greci avevano indicato la musa Calliope come guida maggiore nella poesia epica e nell'eloquenza: Omero stesso la invoca iniziando il famoso poema Iliade.

Streghe e inquisizione

Non esiste più il tribunale dell'Inquisizione, grazie alla libertà di pensiero, sancita dalla Costituzione. Credenze religiose, superstizioni, teorie divergenti non costituiscono più in Italia e in Europa un elemento di colpevolezza o di discriminazione: la caccia alle streghe è ricordo di epoche passate, o metafora di obiettivi folli di persecuzione inutile. Ma il termine *'inquisizione'* incute sempre paura, giacché chi è inquisito corre il rischio di una condanna, anche se non è prevista più la condanna al rogo in una pubblica piazza. Non c'è il rogo, ma le armi sì: penso a due *'inquisiti'* eccellenti degli Anni Novanta: Raoul Gardini e Gabriele Cagliari che si suicidarono nel 1993, durante le inchieste di Tangentopoli e Mani Pulite, nel timore di venire riconosciuti colpevoli dalle indagini in corso. Gardini era un manager audace, ambizioso, occupava spesso le pagine dei giornali con le sue imprese di scalate imprenditoriali, sia in campo finanziario sia in aziende quali l'Eridania, la Montedison, l'Eni. Allora seguivo più di oggi le vicende nazionali, anche per la mia professione di docente di Italiano e storia, perché la riflessione su fatti e problemi dell'attualità rientravano nel mio programma d'insegnamento. I miei studenti allora seguivano l'evento 'Mani pulite' soprattutto per quanto concerneva il magistrato Antonio Di Pietro che svolgeva le indagini sul caso del Pio Albergo Trivulzio ed era diventato l'eroe del momento, il castigatore degli imbroglioni; ne erano interessati anche perché il programma dell'anno in corso comprendeva Diritto e Legislazione.

Non ci sono più né la 'santa' Inquisizione né la caccia alle streghe, è vero, perché i concetti di libertà di pensiero e di scienza sperimentale hanno influenzato i comportamenti sociali e giudiziari, ma si sono modificati a mio parere, in base all'evoluzione del linguaggio e dei reati. Penso alle lotte contro il brigantaggio post unitario quando la 'caccia' a pochi briganti includeva la strage in un paese, penso ai tanti processi di mafia, ai maxi blitz in cui migliaia di cittadini, colpevoli o innocenti furono inquisiti, tenuti sotto osservazione da tutti, sospettati o condannati, ma pur sempre col cuore in gola, in ansia per la conclusione.

E le donne, pur dopo la fine della santa Inquisizione cattolica si dedicarono a preparare filtri magici?! Credo di sì, ma pure con maggiore coscienza sulle piante officinali. E quando le Università aprirono le porte alle donne, esse stesse divennero esperte in botanica, biologia, chimica, medicina e non solo in lettere e filosofia. Da una parte sono emerse le donne scienziate, dall'altra hanno continuato a esistere maghe, cartomanti, santone, curatrici con le 'erbe', mentre il vecchio significato di 'strega' è confluito in quello di 'maliarda', cioè donna capace di incantare portando ai propri voleri un'altra persona, soprattutto un uomo.

Se il termine strega è rimasto nella sua connotazione negativa, riferito a una donna, il verbo stregare invece ha qualcosa di suggestivo, di forte, in quanto presuppone il potere dell'intelligenza in una donna, una specie di pragmatismo operativo: si può stregare con lo sguardo, ma anche con pietanze elaborate, con danze e balli, con l'eloquio sensuale...; ma se la 'strega' sgrida o è troppo severa, bisogna sfuggirla!

Il vocabolo ha dato il nome a un prodotto enologico, al liquore Strega, molto apprezzato sin dal 1860, come è scritto nel Ricettario donatomi a settembre scorso a Catanzaro da Rossella del Prete, Past Presidente del Distretto Fidapa di cui faccio parte, durante una Assemblea per l'elezione del nuovo Direttivo. In tale assemblea Rossella Del Prete ha fatto omaggio a tutte le socie presenti, a conclusione del suo biennio di Presidenza (2019/2021), di alcuni prodotti Strega, tra cui il Ricettario, nella cui introduzione si dice che nel 1860 venne inaugurato lo stabilimento vinicolo Alberti vicino alla stazione ferroviaria di Benevento: passerà, in seguito, alla produzione e al commercio di liquori tra cui quello più famoso, lo Strega, „ottenuto distillando 70 erbe, esaltate dal caldo color oro dello zafferano"[17]. E come non citare il Premio Letterario Strega che ogni anno porta alla ribalta nuovi eccellenti romanzieri? Sponsor da sempre: l'azienda produttrice del liquore Strega, piuttosto dolce, aromatico, destinato pertanto ai delicati gusti femminili. Miracolo della lingua! Con l'evoluzione degli usi, con le metafore, le battute umoristiche, le sperimentazioni botaniche, i culti estetici, 'strega' ha moltiplicato i suoi valori connotativi, seducendo quasi l'udito di ognuno: non altrettanto l'inquisizione che conserva un po' del significato tabù, una cosa da temere, che

[17]Strega Alberti Benevento, *Strega – 128 ricette per stregare il palato*, Grafica Mellusi, Benevento, s.d., pag. 3.

può causare danni, quindi da sfuggire, non da lasciarsi persuadere, 'stregare' da qualcosa di bello.

Terroni

Recentemente, in una trasmissione televisiva di Rai 3 (credo in *Quante Storie*), legata alla produzione libraria odierna, è stato trattato il tema religioso e pedagogico in Leone Tolstoj, nel clima degli scontri tra lo scrittore e la chiesa, e inoltre sul contrasto col suo ambiente aristocratico a causa delle scuola da lui fondata e condotta per i poveri di Jasnaja Polijana. Varie volte ho riletto i suoi romanzi più noti, ma ho voluto riprendere in mano un suo libro minore, non meno efficace per i valori etici di cui è intriso: *Il quarto libro di lettura, destinato ai lettori fanciulli*, ai suoi alunni di 150 anni fa. Devo ammettere che mi ha sempre colpito per il suo umanitarismo. In Italia tale dote si è potuta riscontrare in alcuni sacerdoti nel corso dei secoli, poi divenuti santi, come S. Giovanni Bosco o, andando più indietro, in S. Filippo Neri. Tolstoj era osteggiato da amici aristocratici che non accettavano il suo principio di istruzione popolare: secondo loro i lavoratori della terra dovevano restare ignoranti, faticare nelle attività secolari, di agricoltura e pastorizia.

Anche da noi, una volta, nel Mezzogiorno d'Italia i più umili nelle categorie sociali dovevano restare ignoranti, continuando la tradizione medievale di feudatari e monarchi assoluti: d'altronde, per zappare la terra non serviva l'alfabeto, ma braccia solide e volontà di fare. Infatti, non c'erano i 'terroni', ma i '*bracciali*'. Se leggesse questa parola un adolescente di oggi, penserebbe al gioiello da mettere al polso, magari d'oro e con pietre preziose, oppure a un semplice braccialetto alla moda corrente: invece no, il bracciale era il 'bracciante', termine entrato in uso nel Novecento come lavoratore a giornata, precario, in agricoltura e in zootecnia. La storia della lingua italiana registra l'evoluzione di parole, mentre al contempo si arricchisce di neologismi e nuovi significanti.

Non parliamo più di servi della gleba né di garzoni né di cafoni, se non riferiti a un ambiente storico preciso, ma di imprenditori contadini, di proletari, mezzadri, coloni, pastori, massari, agricoltori, apprendisti, zootecnici. Quando Karl Marx lanciò il Manifesto con lo slogan *Proletari di tutto il mondo, unitevi*, non pensava ai miseri contadini, ma ai poveri salariati che faticavano nelle industrie per una paga insufficiente. Il proletario di allora era il semplice 'bracciale' che, grazie all'eufemismo insito nel termine, risulta 'ricco', ricco di prole, cioè di figli. Per mantenere la numerosa famiglia, il lavoratore si sobbarcava a lunghe giornate di fatica. Allora non c'erano sussidi, assegni mensili per i figli minori, anzi spesso i figli minori lavoravano accanto ai padri, come ben ci ha raccontato Giovanni Verga nei suoi libri. I *terroni* non erano stati ancora 'inventati'. Il termine si affermò con il campanilismo post-unitario, col contrasto Nord-Sud: dopo l'espressione „o briganti o migranti" riferita ai meridionali che avevano preso le vie oceaniche per sbocchi di lavoro preferiti alle azioni criminose dei banditi di montagna, nel gergo popolare si diffuse il detto *„o Terroni o Polentoni"*, tra scherzoso e irriverente. In questo caso, l'ingiuria di terrone era affibbiata al rozzo lavoratore della terra nel Sud, mentre si applicava a quelli del Nord la qualifica di mangiatori di polenta, considerato il pasto più vile.

Il significato letterale di una parola si annulla quando la si carica di contenuti dequalificanti, con fini offensivi. È vero che il cartello „Non si affitta a meridionali" comparso in parecchie località settentrionali traduceva in linguaggio burocratico il significato del popolare detto „Non vogliamo terroni", ma è anche vero che nell'ex Regno di Napoli non era gradita la 'piemontesizzazione', come veniva definita da parte dei conservatori borbonici, che si erano visti spodestati dei loro poteri nelle cariche istituzionali dirette da Piemontesi e loro alleati.

Le opposizioni sono normali, la dialettica dei contrasti aiuta a riflettere meglio, a sentire con coscienza i mutamenti sociali, a comprendere dubbi, falsità, incongruenze. E poi, ad accettare: il tempo, le vicende reali concorrono ad accettare e accettarsi per quello che si è, con saggezza, con ironia e autoironia. In qualche occasione, con sottintesa battuta umoristica, anch'io mi sono definita una 'terrona'. Perché no?! Le mie radici sono qua. Non è stata sempre la 'terra' alla base dell'alimentazione umana e animale? Re, generali, feudatari, contadini, non hanno combattuto per possedere terre produttive? Era forse un reato mangiare polenta, riferito ai polentoni? Al Sud si mangiava pane, perché c'era molto grano, come si mangiava riso in Cina per le immense risaie coltivate nelle loro sterminate pianure. Secondo statistiche apparse nei giornali dell'anno scorso, in Italia è diminuito il consumo del pane e presumo anche della polenta se guardo il costo di un chilo di farina gialla: ho pagato la farina di granturco più del doppio di quella di grano 00, mentre un secolo fa costava la metà. 'Meno richiesta, meno produzione', direbbero gli economisti, osservando il fluttuare di una merce sul mercato mondiale; il valore di un prodotto aumenta o diminuisce in base alla vendita, alla diffusione nel mercato corrente.

Il termine terrone mi sembra meno offensivo di 'africano', con il quale furono... gratificati da alcuni visitatori del passato e ancor peggio da Cesare Lombroso e seguaci. „Chi disprezza vuol comprare", dice un vecchio proverbio, che in realtà sottintende a un tipo di compravendita, di allungare la contrattazione sminuendo o esaltando il valore della merce; ne vien fuori un dialogo colorito, specialmente con soggetti talentuosi. E chissà se non è valso anche per qualche emigrante che abbia accettato un lavoro sottopagato per sopravvivere e farsi notare per le proprie capacità!

Da alcuni anni, i meridionali rifiutano lavori manuali, accettati dai nuovi migranti approdati con le cosiddette carrette del mare, barconi che spesso naufragano presso le coste; sono loro i nuovi braccianti, i venditori di qualsiasi merce, che poi diventano imprenditori, i più capaci, e anche professionisti. Non sono loro, però, i terroni. Nell'occasione dei 150 anni dell'Unità italiana, si sono accese polemiche suggerite da un certo revisionismo storico, facendo sorgere alla ribalta la discussione su terroni e terronismo: con l'esagerazione degli 'ismi', ci mancava anche questo! Con la pubblicazione del libro di Pino Aprile *Terroni* nel 2010 si è rimarcata la questione meridionale; il sottotitolo della copertina aggiunge: *Tutto quello che è stato fatto perché gli italiani del Sud diventassero 'meridionali'.* Era evidente una certa polemica antiunitaria – per come è stata gestita – e antileghista, allora Lega Nord. Un anno dopo, Marco Demarco pubblica *Terronismo. Perché l'orgoglio (sudista) e il pregiudizio (nordista) stanno spaccando l'Italia in due*. Da ingiuria, il termine terrone è divenuto pregiudizio e, per conciliare i contrasti ideologici peninsulari, si è divulgato il terronismo, cioè una teoria che ponga in auge le qualità dei 'terroni'. Miracoli della lingua! Tutte le sfumature del pensiero trovano collocazione nelle variazioni dei fonemi delle parole, con aggiunte, con alterazioni. Ma qualcuna va via, soppiantata da un'altra. Chi ricorda più l'uso di 'casa terrana', presente negli atti notarili del Settecento? Oggi sarebbe la casa a pianterreno.

Infinite sono le espressioni legate al vocabolo terra e ai suoi derivati. È terra pure il luogo dove è atterrata la navicella recente sul pianeta Marte, che è riuscita a sollevarsi e volare per un po' a un metro da terra? Solo che lì non sono atterrati i terroni, ancora. Nessuno ha da obiettare se nel 1969 gli astronauti sono scesi nel nostro satellite: o sono 'allunati'? Non mi dilungo, le mie conoscenze in tale materia sono '*terra terra*' e il discorso sugli 'atterraggi' di aeromobili nei più vari luoghi dello spazio è molto complesso, ma credo che resteremo fedeli al nostro concetto di atterrare non solo in un aeroporto, ma anche alla possibilità di atterrare, sulla luna, su Marte, su qualsiasi ghiacciaio terrestre... Guardare oltre la terra, attraversare spazi extraterrestri, non lasciarsi dominare da passioni terrene, ambire a territori nuovi da esplorare, possono essere stimoli per superare le contraddizioni di noi abitanti terrestri?

Non mi piacciono i terroni che siano cafoni, criminali, ignoranti, schiavisti, ma non ho nulla da eccepire su quei terroni analfabeti che resero le terre meridionali dei paradisi di produttività agricola lasciate in eredità come messaggio a posteri consapevoli di tale ricchezza. *Orgoglio e pregiudizio* non è solo il titolo di un romanzo famoso dell'Ottocento, di Jane Austen, ma è un atteggiamento sociale del nostro tempo, di individui e gruppi sociali che per vanità sbandierano meriti di superiorità in confronto ad altri ritenuti inferiori un base a criteri superficiali. A volte il pregiudizio diventa un dogma e purtroppo a chi crede in un dogma falso Einstein non può insegnare nulla con la sua teoria della relatività.

La tradizione

Tradizione o innovazione? Quante volte ho dubitato su che cosa scegliere, se optare per una usanza collaudata o tentare esperienze nuove. Da studentessa, mi piaceva leggere i consigli della rubrica sul galateo nelle riviste, nei giornali, sulle forme del rispetto da usare con gli altri, o come sistemare piatti e posate in tavola, comportarsi in diversi luoghi e uffici in cui le vicende della vita mi avrebbero condotta. Appena diplomata, mi si pose davanti il linguaggio della burocrazia, scrivere le lettere a Enti Statali, rapportarmi agli usi tradizionali degli uffici. Subito entrai nella dimensione della 'terza persona', come Giulio Cesare nel *De Bello Gallico* e nel *De Bello civili*. Insomma, fui obbligata ad apprendere le procedure di norma, usate prima di me e che valgono tuttora nello stile epistolare ufficiale.

Invece non avevo accettato il consiglio di una mia compagna di viaggio, studentessa come me, di studiare a voce alta, come era in uso da tempo, che avrei imparato meglio: no, preferivo la lettura mentale, più veloce, e che avrei insegnato poi a mia volta: solo le poesie ripetevo infinite volte, a voce alta, dentro casa, per gustare il loro ritmo, le note intime del messaggio letterario che assaporavo alla stregua delle canzoni di musica leggera.

Raggiunta la maturità col mio bel diploma di allora e superati tanti scogli di concorsi e attività scolastiche, non mi piacquero più tante tradizioni, soprattutto le ripetizioni inutili, secondo me, che mi facevano perdere tempo, come ad esempio le preghiere religiose mattina e sera, il rosario, la messa domenicale, i vari precetti, le visite a parenti in vacanza che non conoscevo, le passeggiate e le chiacchiere vane. Mi attraeva il nuovo, le letture di libri, i viaggi. Attraversai in ritardo la fase della trasgressione, tipica dell'età adolescenziale, dopo i diciotto anni; mio padre non c'era più e quindi i contrasti si verificavano con mia madre soltanto; in compenso avevo una nonna molto comprensiva che mi sosteneva in qualunque impresa mi mettessi. Non stavo a mio agio nel borgo natale, di cui aborrivo i pettegolezzi continui che animavano le comunità popolari nei rapporti quotidiani. Non avevo fidanzato, ma me lo si voleva appioppare ad ogni costo, e mia madre non vedeva l'ora che seguissi la tradizione, l'esempio delle altre mie coetanee, di accettare qualcuno in gamba per marito. Eh, sì, mia madre sentiva la responsabilità che aveva lei sola, vedova, nei miei confronti, di accasarmi bene e presto. Invece no, aspettai parecchio, prima del gran passo e con molto timore del conflitto eventuale anche con il sacerdote che mi avrebbe confessato prima del matrimonio: la mia educazione era stata prettamente cristiana, solo che non accettavo alcuni riti della tradizione e mille dubbi mi rodevano talvolta il cervello. Non ebbi colloqui con filosofi illustri, come era successo al Manzoni con Rosmini, ma ebbi modo, solo in seguito, di esporre qualche mio pensiero a persone di valore, traendone conclusioni accettabili.

Odiavo il dialetto, l'ignoranza sonnolenta, di chi accetta la vita come viene, senza aspirazioni di rilievo.

Andai poi via dal mio paese: fu così che mi accorsi del valore della tradizione, di atti e parole che agivano nella mia interiorità, soprattutto dopo la nascita dei miei figli. Mi appropriai del linguaggio antico, delle tradizioni culinarie, delle visite alle persone care, delle ninne nanne e delle favole da cantare ai miei bambini. E non ultimo obiettivo, ma nuovo e importante, di conoscere la storia locale. Le persone che avevano lasciato traccia di sé nella cultura secolare. Un cammino che non abbandonai da allora in poi, per cui il nuovo si legava con il vecchio. Forse prima ero stata contagiata pure dalle considerazioni sul folklore, negative, giacché in esse erano inserite concezioni di vita tribale, simili a comunità africane e polinesiane, oggetto di reportage di inviati speciali di giornali. Ma anche per tutto il romanticismo il folklore fu tema avvincente di racconti e testi musicali.

Tradizione non è folklore. Tradizione è sostanza della vita, il folklore ne è apparenza. Ricevere con rispetto ospiti fa parte della tradizione, ma accoglierli in forme spettacolari, offrendo fiori, suoni di strumenti caratteristici del luogo, addobbi inusuali, da l'idea di una specialità unica, in bilico tra folklore antico e modernità. Penso alle ghirlande di fiori che le donne hawaiane portano al collo e che offrono forse ancora ai turisti, agli zufoli e organetti che per lungo tempo altri turisti hanno ascoltato con diletto nelle visite ai borghi calabresi: può darsi che a un certo punto la tradizione abbia subito un impulso venuto dai tempi moderni di viaggiare, curiosare, riempirsi di ricordini, di souvenir quanto mai vari che tutti ormai possediamo.

Il vecchio artigianato subì un crollo enorme dopo la forte spinta dell'industria manifatturiera: ci fu chi andò via verso il lavoro dipendente, nelle città, presso stabilimenti d'ogni genere, ci fu chi rimase nella sede abituale utilizzando le proprie capacità in nuove produzioni. Ricordo due mie vicine di casa tessitrici: uscì dalle loro mani esperte una magnifica coperta di lana, secondo la tradizione del corredo che mia madre ambiva per me, sia pure modificata dal disegno che avevo preparato io per loro (ma che io poi usai ben poco, preferendo altri tipi di coperte); in seguito ebbero scarse richieste, il mercato della biancheria si poneva nei negozi pronto all'uso, più acquistabile, richiedendo un minor tempo di attuazione. Le rividi a distanza di forse trenta anni: lavorava solo la più giovane, Giannina, non più per tessere tele e coperte, ma soltanto tappetini, presine, oggettini minuscoli, alcuni dei quali usati contro il malocchio (infatti venivano detti '*foramalocchju*' in dialetto) e offerti ai gruppi di turisti, di passaggio, alla scoperta di territori pittoreschi.

Nel 1969, in un corso di aggiornamento residenziale per professori di Italiano, seguii con attenzione le proposte innovative, logiche, del docente di grammatica, considerai il suo testo per la didattica, ne trassi indicazioni utili per il mio futuro insegnamento. Innovazioni sì, ma rispettando alcune regole e ragionando sulle strutture logico-linguistiche del discorso. Non eravamo più ai tempi del purista Basilio Puoti, presso la cui scuola si presentò un giorno Giacomo Leopardi, menzionato da Francesco De Sanctis che era alunno allora del Puoti, ma dal quale si discostò in seguito; la lingua si rinnovava, si vivificava con neologismi, termini stranieri, vocaboli regionali, modi di dire popolani. Apprezzai non solo le canzoni napoletane da repertorio, ma anche film e opere teatrali che mettevano in rilievo vita e linguaggio di ambienti particolari. Mi affascinò soprattutto Eduardo De Filippo, di cui acquistai e lessi l'edizione di tutte le sue opere.

La lingua mi si presentava non più nella sua valenza accademica, rituale, ma in quella comunicativa, di messaggio che deve arrivare possibilmente a una varietà di individui. Mi riappropriai del mio dialetto, lo studiai, riempii diverse rubriche di termini d'uso. Una mia collega insegnante, dei tempi in cui stavo a Scandale (KR), mi aveva parlato di una maestra che aveva insegnato a Umbriatico in provincia di Crotone, non ricordo esattamente, ma senz'altro in un paese vicino, e per poter comunicare con gli alunni si era fatto un piccolo vocabolario del dialetto da loro usato; per andare a tempi recenti, voglio citare lo scrittore e glottologo Michele De Luca che ha raccolto infinite testimonianze di lingue locali calabresi e pubblicato molti saggi, per testimoniare il valore della lingua nell'evoluzione di qualsiasi collettività.

La tradizione mi apparve in tutto il suo fascino nella gastronomia, nei dolci rituali delle feste più importanti. Fra ricette occasionali, ricettari, sperimentazioni, provai anch'io con familiari e amiche a fare biscotti, torte, zeppole, sammartini, pastiere, liquori, pane e quant'altro. Tradizione e innovazione andavano di pari passo in tutti i settori ormai. E quando la mia amica Annamaria Speziale, divenuta presidente dell'associazione Fidapa, inventò un nuovo concorso, *Il Dolce di Natale*, fummo contenti, partecipammo, perché diretto a professionisti e a casalinghe. Tale manifestazione continuò nel tempo con un certo successo, promuovendo le molteplici capacità culinarie, anche perché ci si è accorti che includeva radici nella storia locale e frutti dell'estro di nuove generazioni.

Mi piace immaginare le tradizioni come radici di un albero che, per se stesse non valgono nulla, ma rivestono fondamentale importanza per far crescere una pianta, devono svolgere azione operativa, succhiare linfa e dare energia, altrimenti, come avviene per le piantine di alcuni miei vasi, se ce ne sono troppe ammorbano steli e rami e sono da buttare via. Ciò mi succede ogni anno quando compro bellissimi ciclamini, azalee, stelle di natale che, a fioritura ultimata, non riesco a far rinvenire nemmeno col trapianto a causa delle radici troppo intrecciate, consumate a sfruttare le risorse ricevute 'in dote'. Talvolta avviene lo stesso tra gli esseri umani, quando alcuni pregiudizi tramandati da usanze obsolete, li fanno sprofondare nell'abulia o nella morte.

La moderazione, l'uso saggio e non sproporzionato dei metodi tradizionali ci aiutano a possedere certezze, ma non bloccano gli slanci verso l'alto, delle piante verso la luce, di noi creature umane verso altre scoperte della vita.

Umanitarismo e legalità

Da parecchi mesi, in tutte le forme mediatiche, si discute sul 'caso Lucano', su un protagonista dell'umanità odierna, campione dell'accoglienza migranti, osannato come sindaco e come personaggio tra i *cinquanta leader* più influenti del mondo, ma ultimamente condannato in primo grado dal Tribunale di Locri a tredici anni e due mesi di reclusione, oltre al pagamento di circa due milioni di euro, in concorso con altre undici persone. Ho letto la sentenza pubblicata sul settimanale locale Riviera (1° ottobre 2021), subito dopo. È vero che avevo seguito sul mio cellulare la ripresa in diretta della lettura della sentenza da parte dei giudici, ma avevo capito poco, stante la lettura frettolosa e quasi sottovoce della giudice, che sembrava sofferente per ciò che doveva leggere, dietro una sfilza continua di citazioni di articoli di legge.

La giustizia, nei nostri tribunali, si regge sulle norme del procedimento giudiziario, non sulla morale o sugli umori sociali. E ci poniamo diversi interrogativi, soprattutto sul rapporto **umanità/giustizia**. Domenico Lucano ha utilizzato somme dello Stato per aiutare gli ultimi della società, i migranti venuti da terre lontane, senza osservare con meticolosità le norme stabilite. Sono parecchi i capi d'accusa, per lo più riferiti al modo di amministrare le risorse finanziarie del piccolo Comune di Riace, di cui era Sindaco per il terzo mandato consecutivo e in via eccezionale, prima di essere indagato.

All'entrata del borgo un'insegna annunciava RIACE PAESE DELL'ACCOGLIENZA.

La corte giudicante ha riconosciuto l'assenza di arricchimento personale, ma non gli ha perdonato l'agire arbitrario, anche se ingenuamente – dico io – con finalità di bene, e ha quasi raddoppiato la pena avanzata dall'ufficio del Pubblico Ministero; tuttavia, sulla presunta ingenuità, non posso fare a meno di considerare rischioso eludere le regole e divenire passibili di condanne, come spesso l'esperienza ci conferma: il desiderio di 'farla franca' secondo un detto comune, non sempre si avvera. L'intelligenza dovrebbe guidare ognuno di noi a riconoscere i limiti di attuabilità di ogni azione, oltre che riconoscere i propri limiti personali.

Conosciamo la sentenza, non le motivazioni minuziose addotte, che saranno rese note in seguito. Lo stupore è stato grande, per tutti, pur rientrando – l'icona Lucano – nella categoria dei miti caduti vittime di se stessi. Chi non ricorda l'antico detto, che inoltre sottolinea un vocabolo lunghissimo? „Chi troppo in alto sale, precipitevolissimevolmente cade!" Sono storie, famose e meno famose di ogni tempo. Personaggi portati alle stelle e poi massacrati, divenuti capri espiatori di illusioni momentanee.

Quante volte si travalica una legge per soccorrere qualcuno cui si vuol bene? E poi, la Legge è severa con chi commette un reato, oppure è severo il Giudice che la interpreta?

Mi sono chiesta anch'io se posso decidere di 'svicolare' da alcune regole per favorire opere di carità. Dal mio punto di vista credo che possiamo disporre come vogliamo soltanto di ciò ch'è nostro, ma non di quello di cui dobbiamo rendere conto ad altri. C'è il cosiddetto 'senso comune': la giustezza di un atto dettata da un fatto contingente; anni fa ho letto un libro sul 'diritto popolare', fondato su tradizioni e usi locali riferiti alla Calabria, ma che possono verificarsi in qualsiasi altro modo e luogo della terra.[18] Norme non scritte, ma note a tutti gli interessati.

Nel caso di Lucano, non è detta l'ultima parola: ci sono altri due gradi di giudizio, vedremo quali saranno le successive analisi e decisioni, oppure ci saranno modifiche a norme attuali. D'altronde è noto il giudizio sulle sentenze, che vengono dettate da norme precise e da verità documentate: la verità processuale non sempre coincide con la verità espressa dall'opinione comune. L'ambiguità di alcune situazioni ambientali alla fine deve essere risolta dal giudizio giuridico, sotto la responsabilità di una Corte, di un giudice che applica i commi di una legge specifica.

Ci sono le spese di giustizia, intanto: chi le paga? Lucano non ha beni intestati, gli altri, non lo so. So solo che i giudici hanno un potere immenso e possono applicare articoli di legge e commi nel modo che ritengono più opportuno: altrimenti non si spiega come le sentenze cambino secondo i gradi di giudizio, o l'interpretazione di documenti ed episodi. La lingua italiana è molto complessa e ogni vocabolo contiene diverse sfumature di significati; così i binomi liceità/legalità, giustizia/equità, dichiarazione/affermazione, hanno parecchio in comune tra loro e anche in dissonanza. Il problema sono i limiti: fin dove si può arrivare, quando superare i limiti in una decisione?

La realtà storica richiede soluzioni al momento, soluzioni che in seguito si possono considerare giuste o errate, ma che in ogni caso rispondono a esigenze personali e/o sociali di un periodo preciso. Per esempio, i migranti. All'inizio li accoglievamo con senso di umanità, ma quando divenne una massa informe, continua, irregolare, ne avemmo timore. Mi

---

[18]Luigi M. Lombardi Satriani – Mariano Meligrana, *Diritto egemone e diritto popolare – La Calabria negli studi di demologia giuridica*, Qualecultura, Jaca Book, 1995.

sono chiesta se non ritornavamo al Medioevo, oppure a secoli più recenti, quando nelle coste si moltiplicarono le torri di avvistamento come salvaguardia contro musulmani e pirati miranti a saccheggi. Le risposte? Sono contradditorie, in base alle opinioni del momento e alle esperienze personali. Oggi si dice che senza tali flussi migratori l'economia non va avanti, che sono loro a svolgere i lavori più umili, che i residenti non sono più capaci di fare, e che tanta gente lavora grazie a loro, per accoglierli, curarli, istruirli... Ma quando la cronaca ci evidenzia fatti tragici causati da extracomunitari o la presenza di ghetti orrendi, la coscienza si ribella, compresa la mia. Eppure in qualche caso si verificano atti di umanità, sorprendenti: anch'io ho ammirato una donna di Rosarno, pensionata, che aiutava i migranti, i migranti delle 'baracche', poverissimi, cucinando per loro, senza essere pagata, per bontà d'animo. Era chiamata 'Mamma Africa'. In quella stessa zona, tuttavia, erano presenti ghetti, baracche, in cui i migranti vivevano da primitivi, non essendo più sufficienti edifici antichi in declino a contenere una umanità in bisogno, provvisorio bisogno.

Papa Francesco raccomanda l'accoglienza, che in fondo è insita nell'educazione cristiana; l'ospitalità è un valore etico nella nostra civiltà, ma non accettiamo chi nasconde l'inganno. Lo straniero è uno sconosciuto: se si rivela buono, ci è gradito, ma se cattivo non ci attira.

„*Timeo Danaos et dona ferentes*, temo i Greci e anche i doni che portano", racconta Virgilio sui Greci di Omero che lasciano il cavallo di legno a Troia. Se i migranti clandestini rubano e uccidono, noi protestiamo. Poi veniamo a sapere che tali migranti lavorano da 'clandestini' qualche volta presso aziende che ci guadagnano, grazie a loro, e quindi sorge un altro binomio: economia/lavoro in nero, ossia il rapporto tra l'economia reale e l'economia sommersa. Tanti imprenditori dichiarano le difficoltà di pagare le imposte statali effettuando retribuzioni regolari. Senza contare gli esiti della recente pandemia da covid 19, che ha causato fallimenti e chiusure di attività. Ma anche per i secoli in cui era forte la pirateria, gli studiosi hanno rilevato parecchie testimonianze di accordi economici tra pirati e residenti, con l'uso del contrabbando, scambiando merci, quali ad esempio la seta e generi alimentari. Il dilemma dare/avere è sempre in agguato.

Il mondo del lavoro è destinato a cambiare continuamente: imposte, obblighi, decreti legislativi rendono aleatorie tante nostre scelte. Come, quanto pagare un lavoratore che ci presti un piccolo servizio senza timore di compiere una azione illegale o illecita?! Un ucraino viene di tanto in tanto ad aiutarmi in qualche lavoretto del giardino, gli regalo qualcosa e basta: ma mi chiedo se qualcuno me lo può proibire, se c'è una norma che stabilisca che un accordo tra due persone libere sia un reato, quando non c'è di mezzo un contratto di lavoro. Un altro esempio traggo da esperienze in luoghi diversi sul binomio liceità/legalità: quando, tanto tempo fa, genitori e nonni del mio comprensorio meridionale coltivavano le loro terre, si scambiavano favori tra parenti e amici. Chi aiutava il parente nella vendemmia doveva ricambiare a sua volta il favore, altrettanto con l'uccisione del maiale o con la trebbiatura del grano. Invece in altre località si pagava la giornata, come a un lavoratore qualsiasi. Oppure l'usanza di fornire il cibo al lavoratore, indipendentemente dal pagamento pattuito. Ricordo mia madre che ogni giorno preparava il pranzo a due nostri lavoranti, padre e figlio, che non potevano recarsi a casa loro perché un po' lontana: io non l'avrei fatto, mia madre sì, sia perché avevo la mia professione, sia perché cucinare non rientra tra le mie attività preferite.

Forse mi sono allontanata dall'argomento iniziale, però credo che l'accoglienza ai migranti sia un tema legato all'economia politica dei vari Stati e al senso di responsabilità di ogni individuo. È vero che molti fuggono dai propri Paesi d'origine per eventi bellici, ma tanti altri no, fuggono in modo illegale e sono una moltitudine, spesso alla deriva. In questo periodo, proprio vicino a me, molte carrette del mare e motoscafi in avaria vengono soccorse dalle guardie costiere di Roccella Ionica, causando diverse difficoltà all'Amministrazione Comunale per contenere masse di migranti clandestini. Il Sindaco, scoraggiato, ha elevato un appello di protesta alle Autorità centrali del Governo italiano.

Utilità e dote

Dopo la morte di mio padre, il più grande progetto di mia madre divenne la mia *dote*, secondo le formule tradizionali che includevano, oltre a tele e tessuti vari, anche manufatti al telaio, eseguiti con filati buoni, sia casalinghi sia da comprare in negozi rinomati. Presi dimestichezza con parole che non trovavo nel mio vocabolario, quali '*cànnalo*' (canapa), '*rinàrica*' (tipo di trama usato per tovaglie), '*rotolo*' (misura araba), '*matassa*' da sbrogliare con un altro oggetto detto '*anìmolo*'' tutti necessari per il lavoro al telaio manovrato con mani e piedi dalla '*maistra*'. Allora abitavo in una piccola casa posta nel vicolo pieno di artigiani: a fianco una calzettaia che sferruzzava in continuazione, poi una sarta frequentata solo da vecchie signore (cuciva solo *bustini*, *curzé* e *sottane*), un *custurere* (sarto) per uomo che all'occorrenza faceva il muratore. In un palazzetto antico abitavano un bravo falegname che poi emigrò a Montevideo con la famiglia, un fuochista che costruiva '*surfarola*' e fuochi d'artificio nel suo locale in periferia assieme al nipote; di fronte abitava la famiglia di un '*massaro*', da cui compravamo ricotte e formaggio, i cui componenti vivevano spesso in montagna, mentre poco distante non mancavano mai e facevano sentire in continuazione il loro batti-batti dei telai a mano, azionati da una mamma e da due sue figlie: mia madre era spesso da loro, nel tempo libero... Poco più su c'era pure un '*seggiaro*' che fabbricava sedie e da un altro lato, nel balcone di un prestigioso e antico palazzo, di fronte a una porta di casa mia, si affacciava di tanto in tanto un vecchio nobile signore, discendente da una famiglia che risiedeva a Mammola sin dal Cinquecento, che noi chiamavamo il *Signurino*[19] e che mio padre mi raccomandava di non disturbare con i miei giochi quando ero bambina. Al tempo della mia *dote*, lui non viveva più là, i figli se lo erano portato a Bova Marina.

Mia madre passò anni a preparare la mia dote, tra due maestre di telaio per tele e coperte, due o tre ricamatrici – mentre lei stessa eseguiva altri ricami – negozi di tessuti, giornate di bucato, stirature. Quanto è più semplice la nostra vita di oggi che, avendo denaro, possiamo trovare tutto pronto nei negozi! Ma ci servono molte altre doti!

Possedere delle '*doti*' oppure la '*dote*', sono due concetti totalmente diversi: le une fanno capo alle qualità mentali, la seconda a quelle economiche. Le doti intellettive, volitive, artistiche, etiche, vengono riferite a qualsiasi persona, uomo o donna, bambino o adulto, mentre la 'dote' è riferita solo alla giovane destinata al matrimonio, cioè al suo patrimonio di beni materiali e immateriali. Primo, fondamentale elemento della dote è il corredo personale, per entrambi i componenti della coppia: non è prevista affatto l'idea di „due cuori e una capanna", bensì la sicurezza di una futura famiglia. Oggi la concezione della dote matrimoniale è caduta in disuso, secondo le usanze tradizionali, anzi secolari se riferite ai contratti matrimoniali di case reali e baronali dal medioevo al secolo scorso. I registri notarili degli archivi di Sta-

[19]Tommaso Del Pozzo. Era suo un palazzetto risalente forse al Cinquecento in contrada Gianferrante dove aprii una pluriclasse elementare e lui mi offrì gratuitamente un locale nei tre anni in cui vi insegnai, dando la possibilità a molti giovani di raggiungerla. Lo ringrazio ancora oggi della sua generosità.

to sono pieni di tali tipi di strumenti. Ricordo il mio stupore quando per le prime volte consultai qualche registro di notaio del Settecento: in alcuni casi venivano annotate pure le stoviglie! Pentole, caldaie, padelle, tripodi, oggetti con nomi strani locali, accanto al corredo ed eventualmente accanto a poderi e casa d'abitazione. Uno in particolare l'ho descritto nel mio libro *Storia della baronia di Mammola*, intitolato *Istrumento dei capitoli matrimoniali*, sulla 'dote' di Rosa Bocchetta di Monteleone che doveva sposare Orazio Spina di Mammola.[20]

Mia suocera[21] già mi aveva spiegato anni prima che cosa erano i capitoli matrimoniali, perché suo padre glieli aveva fatti quando si era sposata, nel 1930: le aveva donato, non proprietà fondiarie o immobiliari, ma una consistente somma di denaro, che in ogni caso le sarebbe stata garantita sulle proprietà del marito. Tuttavia, consultando il documento notarile originale ho potuto notare l'inesistenza del titolo „Capitoli matrimoniali", come due secoli prima, sostituito con „Dote e donazione". Il termine 'capitoli' relativo alla dote di una sposa è ormai scomparso dall'uso comune, come pure i contratti matrimoniali stipulati presso un notaio; nuove leggi hanno trasformato donazioni e diritti di proprietà, pur rimanendo sempre valida la consistenza del patrimonio personale di una donna, a qualunque ceto appartenga: ovviamente, più alto è il conto... in banca o in beni di proprietà, più consistente è la *dote* in generale.

Nell'età feudale solo ai figli maschi per lo più veniva 'donato' un feudo: ma talvolta veniva assegnato anche alle femmine, soprattutto quando mancavano eredi maschi, e toccava a loro curarne l'amministrazione. La storia è piena di ba-

---

[20]M. Caterina Mammola, *Storia della baronia di Mammola (dal XVI al XIX secolo)*, Promocultura Edizioni, Gerace (RC), 2020, pag. 81-86.

[21]Teresa Ascrizzi di Varapodio (1904-1981), sposata con Domenico Lascala di Seminara (1896-1956). L'atto è del 1930, redatto a Oppido Mamertina dal notaio Nicola Sposato.

ronesse, principesse o regine nella conduzione di piccoli o grandi stati.

La sistemazione dei figli era un compito fondamentale per ogni famiglia: alle donne la dote, agli uomini un lavoro, un mestiere, una professione o arte, come si diceva una volta. Al contrario, se uno non aveva nulla al di fuori di bella presenza o come si diceva aveva *„panza e presenza“*, cioè persona incapace o perennemente disoccupata, era definito "uno senza arte né parte", nullafacente, come il parassita di tante commedie classiche, che per di più nemmeno apparteneva a una famiglia che potesse mantenerlo.

La *dote* della donna era sempre una garanzia per un buon matrimonio. Ricordo la mia nonna materna [22] quando mi raccontava tante cose del suo passato, delle terre che possedeva e di cui poi aveva a sua volta dotato le due figlie, in modo che potessero vivere nell'avvenire, coltivandole. Nel mio territorio, mediterraneo, non ho mai sentito parlare di maggiorascato, come avveniva in altri ambienti, ad esempio l'uso del 'maso' che tocca in eredità al figlio maggiore, in alcuni ambienti del Nord Italia; a questo proposito voglio riferire il pensiero di un sociologo, di molti anni fa, che mi stupì quando mi disse che là dove i beni economici, cioè la dote, venivano trasmessi in linea femminile, esisteva una forma di matriarcato. Pertanto, se la base del potere economico è in possesso della donna, proprio perché portatrice di beni immobili quale garanzia di un futuro decoroso, significa che aveva qualche leva del comando?! Era un valore riconosciuto a livello sociale, non fiscale: nel Catasto Onciario del Regno delle Due Sicilie di metà Settecento, è il marito come capofamiglia il titolare dei beni immobili della famiglia sia suoi sia della moglie; la donna figura come capofamiglia solo in assenza di maschi, siano essi padre, fratello o zio.

[22] Maria Carmela Ientile (Mammola 1892-1974) sposata con Domenico Gulluni.

Nella società di allora, ma anche del secolo scorso, più alto era il reddito, più qualificata era la donna, sia maritata sia nubile, sia vedova e di qualunque età. E l'amore? vien subito da chiedersi. La passione, l'attrazione fisica, gli approcci sessuali, il linguaggio sensoriale? Possibile che ogni matrimonio fosse basato sul contratto? Forse sì, contratto scritto oppure orale, in ogni tempo. Sentimenti e raziocinio sono come il fuoco e l'acqua: si oppongono e si attraggono, costruiscono e distruggono.

Ogni società ha le sue forme di vita mutevoli, come apprendiamo dalle 'storie' che leggiamo o sentiamo: storie di amori a lieto fine, o tragiche, storie di tradimenti o di fedeltà coniugale, di 'cenerentole' o di riccone.

Carlo Marx aveva considerato giustamente il fattore economico alla base di ogni sconvolgimento sociale e politico, anche se non condivido il suo concetto sulla lotta di classe: i contratti matrimoniali, numerosi in età moderna, dimostrano accordi tra classi sociali diverse e cambi di 'ceto' in virtù di vantaggi economici.

Quanto ha influito il 'colpo di fulmine' di due innamorati, l'uno con titolo nobile ma impoverito, l'altra ricca di sostanze ma di ceto umile, o viceversa, nel loro contratto di nozze? La letteratura con la miriade di romanzi e raccolte di racconti ci offre una messe infinita di casi normali e straordinari. Non vorrei ripetermi, ma vedo nella cosiddetta *dote* un valore non solo economico, ma sociale e politico. Si parla di una società maschilista riferita al passato, di una dipendenza della donna, della 'fanciulla', alle decisioni di un padre o di un marito, ma non credo sia del tutto esatto, o almeno non per tutte. A volte il caso, le convenienze, le prospettive di sviluppo, i comportamenti, un insieme di considerazioni dettavano le norme di una dote e di un contratto matrimoniale. Le filastrocche popolari ci ricordano momenti di scelta del passato; mi vengono in mente alcune: il consiglio alla ragazza che aspetta un buon marito, *„figghjiola teni teni, ca* *la tua fortuna veni"* (figliola, aspetta, aspetta, che la tua fortuna arriverà), oppure il giudizio su un marito che ha sposato una donna brutta ma ricca: *„cu 'ndavi mugghjeri bella sempri canta, cu' ndavi mugghjeri brutta sempri cunta"*, cioè chi ha sposato una donna bella è sempre contento e canta, mentre chi ha pensato solo alla sua dote è intento ad amministrarla contando i soldi che accumula.

Nel 2021 ricorrono i settecento anni della morte del sommo poeta Dante Alighieri: come non ricordare la promessa di matrimonio stipulata dalla sua famiglia con quella di Gemma Donati, quando entrambi erano bambini?! Seguita poi dal matrimonio e dalla nascita di quattro figli. Critichiamo tempi ed usanze, ma chi ci dice che non erano decisioni valide, che il ragionamento di base non fosse sbagliato? Si parla spesso oggi di 'matrimoni d'amore', considerandoli fenomeni sorti da pochi decenni, in seguito all'emancipazione femminile: quanti di essi non sono naufragati? Quanti da innamorati 'cotti' si sono accorti di odiarsi dopo un certo tempo, mandando allo sbaraglio un'intera famiglia?

Il perno della famiglia resta sempre la donna, con la sua *dote* e le sue doti, la capacità di amministrare e di coinvolgere, di possedere e di spendere; la dote era ed è punto di partenza di una fase della vita, di sicurezza per se stessa e per il proprio domani.

Secoli fa, anche per le suore che si chiudevano in convento c'era l'obbligo della dote: la famiglia doveva 'dotare' la futura suora di beni immobili e/o di una rendita pecuniaria per potersi mantenere nel monastero; anche chi aspirava al sacerdozio doveva possedere un reddito personale, che non veniva chiamato dote, bensì patrimonio. Spesso tali beni, di dote o di patrimonio, non erano vendibili o alienabili, ma andavano agli eredi legittimi alla loro morte.

Dote o *patrimonio* che sia, penso al destinatario o alla destinataria di tali beni, quanto siano efficaci nella vita non tali possessi, che possono dileguarsi in breve tempo per cattiva amministrazione, ma le qualità volitive loro, nel condurle; ricordo una cugina (acquisita) di mia madre, Eleonora [23], la quale curava personalmente le proprietà ereditate, recandosi personalmente nei luoghi, camminando a piedi, da sola, trattando con fattori e pastori delle sue terre, nonostante fosse una nobildonna agiata, discendente da antica famiglia aristocratica. Oggi la definiremmo imprenditrice: ho letto che si era comportata allo stesso modo la scrittrice Clelia Pellicano [24], dopo la morte del marito. Eleonora era denominata *Signorina*, anche se si era sposata due volte, prima con il drammaturgo Luigi Filippo Argirò e poi con il medico Carmelo Gulluni.

Qualche conoscente di vecchia data ogni tanto mi ricorda i miei doveri di nonna, di contribuire alla dote di nipoti, con qualche oggetto di corredo: sto rimandando... l'esecuzione di tale compito suggerito dalla tradizione. La signora Leda, con la quale ci incontravamo dalla parrucchiera mi diceva anni fa di ricamare un paio di asciugamani per ogni nipote che si sposava; una mia nonna pure volle darmi due paia di federe ricamate, ma non da lei che era disabile di una mano. Non so se avrò la fortuna di assistere al matrimonio di qualche nipote, ma ancora non ho scelto oggetti di corredo da regalare loro: oggetti di corredo non importanti per il valore pecuniario, ma solo simbolico, come piccola icona di radici familiari. Tale idea mi affascina, come un segno di immortalità, un anello di catena memoriale.

---

[23]Eleonora Albanese. Il fratello Andrea Albanese era un rinomato medico ortopedico a Genova.

[24]Clelia Romano Pellicano (1973-1923), nata a Napoli e vissuta a Gioiosa Ionica dopo il matrimonio con il marchese Francesco Maria Pellicano, divenuto poi senatore del Regno. È stata scrittrice, giornalista e una pioniera del femminismo italiano.

Viaggio e viaggi

Una mia amica, presidente di una Associazione femminile, vari anni fa organizzò la presentazione del mia silloge poetica *Ghirigori di una musa* chiamando come relatrice Anna Salvo, docente universitaria, e come lettore Antonio Tallura, noto attore italiano, dotato di voce profonda ed espressiva. Avevo avuto modo di ascoltare Anna Salvo come relatrice a un altro convegno sul libro *È femmina... però è bella* di Rénate Siebert, i suoi commenti persuasivi, la sua pacatezza espositiva. Fece altrettanto con la mia silloge poetica, ma partendo da un presupposto diverso. Lì c'erano tradizioni femminili allarmanti su cui riflettere, tre generazioni di donne – nonne, figlie, nipoti – portatrici di mentalità legate ad ambienti specifici, qui c'era la sensibilità di una donna in rapporto alle proprie percezioni. Esordì dicendo che il nucleo centrale della silloge era il viaggio. Non nascondo che mi stupì. Da sempre avevo pensato che il viaggio esprimesse realtà di luoghi, reali o immaginari che fossero, ma che si muovevano in un'area geografica. Lei era psicologa e psicoterapeuta, ancora non avevo letto alcuno dei suoi libri; lessi in seguito *Madri e figlie. Legami e conflitti tra due generazioni*, e l'apprezzai ancora di più per la sua penetrazione attenta nei sentimenti umani. Grazie al potere della mente, dell'immaginazione, il 'viaggio' è esperienza, è memoria, è metafora. Il 'viaggio dell'anima' compiuto da Dante Alighieri nell'oltretomba allude ad altri possibili mondi da esplorare, tra cui quello dei sentimenti e delle proprie visioni interiori. Anna Salvo aveva letto nei miei versi il cammino delle percezioni tra affetti, descrizioni di luoghi, oggetti, visioni, vicende reali.

La parola 'viaggio' evoca suggestioni, desideri, ricordi: immancabilmente. Forse da sempre. Le migrazioni in tutti i secoli, dai Greci in poi, ci parlano dei sogni dei popoli, oltre che delle persone singole, di raggiungere residenze migliori.

Non solo la meta è chiodo fisso del viaggio, a volte è il viaggio in sé, il suo percorso, l'unico stimolo, per esploratori di ieri e di oggi. Nel Novecento si ... inventarono i turisti, che intrapresero viaggi turistici! Conoscenza più piacere, più eventuali divertimenti: la vacanza è pronta! Viaggio a piedi, a cavallo, in carrozza, in treno, per nave, in auto, in aereo, prossimamente in astronave: chi lo può dire? C'è un'evoluzione costante nei mezzi di trasporto, anche se epidemie, conflitti bellici, atti criminosi, obbligano a volte a una certa stasi negli spostamenti.

Scrittori d'ogni Paese hanno immortalato viaggi in tutte le direzioni. Iniziò Erodoto col raccontare storie, forte anche per le conoscenze acquisite nei suoi vari viaggi presso popoli del Mediterraneo: venne pure in Calabria, nella colonia greca di Turii, dove forse morì nel 425 a.c., secondo un'antica tradizione. E prima di lui chissà quanti altri che confluirono nel grandioso patrimonio culturale dei due poemi omerici, l'Iliade e l'Odissea! Scoperte, fruizioni di luoghi, invenzioni tecniche, avanguardie e nuovi orizzonti non finiscono mai di ammaliarci, di avviare i più capaci a ulteriori conquiste...

Non sono stata mai in crociera, esaltata in vari modi dalle Agenzie di viaggi in tutto il mondo; eppure, per molti ricconi e snob di inizio Novecento, il viaggio nel primo transatlantico, il Titanic, era vissuto come un viaggio turistico, da crociera di lusso, anche se poi finì come sappiamo, strattonato da un vagabondo iceberg in mezzo all'Atlantico. Ammirai centinaia di navi da crociera a Miami in Florida, ascoltai resoconti di amiche su giornate trascorse in tali spettacolari navi, lessi il romanzo di Virginia Woolf *La Crociera*, del 1915, ma sorvolai su qualsiasi invito mi venisse inoltrato a fare un'esperienza del genere. Il mare mi piace, mi è sempre piaciuto, ma la confidenza con lui è rimasta ancorata alla mia prima esperienza di guidare la barca con i remi lungo la costa e poi ai brevi viaggi in navi traghetto dello Stretto di Messina, il vaporetto per Capri oppure per Venezia. Tutto qui. Quando insieme con parenti da Toronto ci recammo alle Cascate del Niagara, scegliemmo la visione dall'alto, percorrendo un itinerario tra vapori e spruzzi d'acqua, ammirando discese vorticose di flussi bianchi che precipitavano in un ribollio di schiume in basso, dove s'intravvedevano navi ondeggianti, navigando in balia di tempeste. Parecchi turisti sceglievano l'esperienza dell'emozione in nave, sommersi da precipizi d'acqua e da nebbie iridate.

La natura, nei suoi dinamismi vitali, è stupenda, anche se incute paura; attira gli sguardi, peggio di una calamita con il ferro.

I pellegrinaggi religiosi rientrano tra i viaggi? Templi, santuari, luoghi soffusi di mistero, sono da sempre mete da raggiungere. Se tale meta comporta sacrifici e rischi anche mortali, si affronta ugualmente. Mi viene in mente la Via Francigena, soprattutto per il libro di Gustavo Cannizzaro *Verso Santiago – Cronaca di un viaggio a piedi*, in cui racconta tutte le tappe – ben 36 per 700 km complessivi – del cammino fatto insieme con amici e altri 'pellegrini' da un paesino dei Pirenei francesi fino a Santiago de Compostela, in Galizia, sede del famoso santuario di S. Giacomo apostolo. In tal caso, credo che più della meta attragga il viaggio in sé, per il quale bisogna avere buona forza d'animo ed energia a resistere alle fatiche. Gustavo partì da Caulonia in treno per Roma, poi in aereo per Londra; da Londra con altro aereo fino a Pau, una cittadina francese da cui poi procedere in treno fino alla località dei Pirenei, dove iniziare il viaggio a piedi. Un mese e mezzo di viaggio, circa, tra luglio e agosto del 2006. Invece l'inglese Eduard Lear venne nell'estate del 1847 in Calabria per fare un viaggio, a piedi, con un suo amico oltre alla guida locale (talvolta), per visitare borghi della costa ionica da Reggio a Stilo.

Il mio primo viaggio da 'pellegrina' accettai di farlo, da bambina, con mia madre al santuario della Madonna delle Grazie, presso Gioiosa Ionica, con la promessa che al ritorno saremmo venute non a piedi ma in ferrovia, con la littorina Calabro-Lucana che mi attraeva più della chiesetta quattrocentesca, a quel tempo.

La mia nonna paterna ogni anno compiva qualche pellegrinaggio religioso, camminando talvolta tre o quattro giorni, con brevi soste notturne, verso luoghi speciali dove avvenivano miracoli. Gli itinerari erano noti a tanti, frequentati da gruppi costanti nei periodi di rito: i sentieri montani si animavano allora di canti, di voci, di ... ragli d'asino che accompagnavano i pellegrini con le loro some cariche di cibi e di indumenti. Quando per la prima volta mi recai al Santuario di Polsi, nel cuore d'Aspromonte, feci a piedi solo il percorso dell'ultima vallata, di sette ore andata e ritorno, non tutto quello di mia nonna di oltre quaranta anni prima, quando mancavano automobili e strade adeguate.

Quanti sacrifici compiono i migranti di oggi, soprattutto le donne! Attraversano deserti a piedi, fiumi, foreste; affrontano soprusi, rapine, prigioni, fame, naufragi in mare, inseguendo i loro sogni, molto costosi e non sempre positivi.

Ma né naufragi, né conclusioni tragiche fermano gli obiettivi dei viaggi. Dopo ogni delusione, l'avventura si ripete: come è avvenuto per i viaggi di esplorazione; ripenso a Umberto Nobile tra i ghiacci del Polo Nord, alla trasvolata compiuta col dirigibile *Norge* insieme col norvegese Roald Amundsen, poi l'impresa sfortunata col dirigibile Italia nel 1928, sempre in quelle sterminate distese bianche artiche, dove perirono in tanti quando si franse l'aeromobile *Italia*. Umberto Nobile si salvò e anche altri componenti del gruppo, il sogno di esplorazione continuò finché una trentina d'anni dopo si scoprì che quei ghiacci non poggiavano su terre ferme, come nell'Antartide, grazie all'attraversamento subacqueo di un sottomarino, un sommergibile che navigò al di sotto dei ghiacciai nordici.

Viaggi in video: siamo sobillati da infinite immagini nei più strani e affascinanti luoghi terrestri e fra poco anche extraterrestri; seduti o sdraiati comodamente a casa nostra, ci immergiamo in video e foto di viaggiatori, fotografi, turisti che non tengono per sé il godimento dei luoghi, ma lo trasmettono ad altri, attraverso i mezzi digitali da cui siamo invasi. Quanto siamo lontani dagli inserti pubblicitari che precedevano le proiezioni di film nei cinematografi! I viaggi in internet sono diventati una costante nel quotidiano, dall'infanzia in su: il virtuale ha superato il reale! Per questo virtuale, dal 2020, si dà la colpa al virus, al covid 19 che ha scatenato la pandemia, per cui si è fatta l'esperienza della DAD (didattica a distanza) nelle scuole, del workshop e del commercio online nelle aziende, della telemedicina in campo sanitario.

Il viaggio ha in se stesso il proprio fine ed è tanto più efficace, quanto più impiega piedi e testa durante lo svolgimento; ma anche il viaggio di Dante nella Divina Commedia ha tanto di reale accanto all'immaginario, lui conosceva i luoghi descritti, tanti di essi sono stati reali, ha viaggiato diverse volte, ha veduto fiumi, mari, montagne, palazzi, città, porti ... Nel poema c'è la sua esperienza unita alla ideale struttura derivante dalla mitologia antica ed esaltata dalla sua fantasia. Credeva nel sistema solare descritto da Tolomeo. Le sue peregrinazioni durante l'esilio ci fanno pensare pure ai tanti sacrifici che molti viaggiatori compiono tuttora, camminando a piedi in aree archeologiche, in sentieri escursionistici, in vicoli di borghi medievali, in sale di musei, in strade urbane che raccontano di architetture maestose. Ci si può pure ammalare, con visioni che lasciano segni nella psiche, ma uscirne anche fortificati, per slanci modificatori di abitudini. Sì, poiché ogni nuovo impatto incide sulla coscienza, è un altro 'mattone' nella costruzione della propria personalità.

Il viaggio include la memoria: raccontare diventa indispensabile, è il 'dolce' che segue al 'salato', una specie di amo, o di aquilone, che si lancia e che spinga altri a prenderlo, a continuarne l'esperienza.

La violenza

La violenza, soprattutto fisica, fa più parte del genere maschile che di quello femminile, sia perché l'istinto di aggressività è più forte, sia perché maggiormente esercitato durante secoli spesso martoriati da guerre e abuso di energie fisiche. I 'guerrieri' maschi sono stati di gran lunga più numerosi delle guerriere femmine. Anche la mitologia greco-romana ne è testimonianza: Marte, o Ares, era il dio della guerra, cioè un dio, non una dea.

È vero, la dea Minerva era bravissima 'guerriera', combattente in battaglie, ma era la dea dell'intelligenza: questo potrebbe significare che per i Greci, oltre tremila anni fa, se un donna '*combatteva*' o usava violenza, operava con senno e non per abuso di forza?! Ciò a livello generale, poiché non mancano casi di donne che commettono reati gravi, anche infanticidi, ma sono rarissime e spesso vittime esse stesse delle loro difficoltà, come le cronache ci testimoniano di migranti, di giovani disperate che abbandonano neonati in cassonetti pubblici.

Recentemente due notizie mi hanno colpita: una, leggendo in un romanzo[25] la citazione di Bukowski a proposito di decisione improvvisa di cambiamento lavorativo, l'altra della sentenza di un giudice, di condanna di una moglie accusata dal marito per mancato soddisfacimento sessuale. Parlerò del primo, giacché il secondo riguarda maggiormente il settore psichico, oggi molto attuale.

Charles Bukowski (1920-1994) è stato poeta e scrittore problematico: della sua biografia ho colto un elemento fondamentale nella sua formazione adolescenziale, mentre nel romanzo era messa in evidenza la sua vita adulta tesa all'inseguimento della felicità e del rifiuto della stasi. Viveva negli USA, dove i genitori si erano trasferiti: il padre, d'origine te-

---

[25]Natina Cristiano, *Un futuro di ritorno, 2018,* Iiriti Editore, Reggio Calabria.

desca, lo picchiava regolarmente tre giorni alla settimana. Con la cinghia di cuoio, che usava per affilare il suo rasoio. Era un padre violento, afferma lo stesso figlio. Ma tale cinghia mi fa ricordare la cinghia dei pantaloni di tanti padri del mio Sud, come mi è stato riferito da memorie diverse, di parenti e amici, cinghia usata spesso per punire marachelle e disubbidienze della figliolanza nei secoli passati. Era una prassi dell'educazione rigida tradizionale; ma, secondo mio nonno, poteva essere solo una minaccia, dato che lui non l'aveva mai usata e nemmeno altri genitori coscienziosi. Solo i tipi violenti si accanivano con determinazione, come il padre di Bukowski. La cinghia, tuttavia, non era usata contro le bambine: a queste ci pensavano le mamme, ma i loro ceffoni pesavano di meno, rispetto a quelli comminati dai padri! Ma non posso tacere di quei padri, pochi ma presenti in tutti i grossi centri di ieri e di oggi, i quali diventano terribili contro le figlie, quando le violentano, le tengono segregate in casa, le uccidono, le costringono ad atti osceni. Ricordo la grande amarezza che provai quando mia nonna mi raccontò di una ragazza di campagna cacciata di casa dal padre, dopo la violenza sessuale subita da uno sconosciuto: finì in un marciapiedi di Messina, a fare la prostituta! Da vittima, passò a colpevole, agli occhi del padre padrone, simile a quei fondamentalisti musulmani spietati contro figlie disobbedienti ai loro ordini, anche oggi. C'è anche l'opposto, non meno terribile: di padri che *sequestrano* figli o figlie, con atti illegali, per toglierli alla madre. È la radice del prepotere maschile, che tarda a moderarsi, a ingentilirsi, in tanti soggetti, schiavi della propria alterigia, che li porta in casi estremi, ad uccidere i propri figli!

C'è violenza e violenza, ceffone o ceffone: c'è il gesto e la sua pesantezza, cioè il valore stesso della punizione, che poi è proporzionato alla sensibilità di chi dà e di chi riceve. Mio padre diceva: „chi non sente le parole, non sente nemmeno le botte", riferito ai figli disubbidienti.

C' è una violenza meno visibile, subdola, proveniente da soggetti scontenti, cattivi, che scaricano su altri i loro turbamenti, con parole offensive, bestemmie, irrisioni, espressioni dispregiative, smorfie, occhiatacce, gesti d'infamia, immagini e messaggi sui social, usati da tanti, soprattutto giovani. È una violenza psichica, va dentro il cuore, ferisce l'animo, fa paura. Mi fa molta paura. Tante volte ho sofferto per il linguaggio spregevole usato verso di me o altre persone care e capisco quanto possano soffrire ragazze e ragazzi se accusati ingiustamente, se costretti a subire molestie d'ogni genere, grave peso alla loro sensibilità.

Perché non si capisce che si fa danno a usare la violenza? Perché il violento crede di aver ragione maltrattando l'altro? È una questione di forza? La forza che deriva da un diritto personale, di uno che comanda, e l'altro che obbedisce?! Come avviene ancora in parecchie famiglie, dove i mariti affermano i propri diritti, sì, diritti sessuali! sulle mogli, anche se stanche e nolenti. La gentilezza, la sensibilità verso la persona che sta a fianco, sono sentimenti sconosciuti ai tipi violenti o arroganti; purtroppo, non so se attribuire tali atteggiamenti a una tradizione sociale o a una *forma mentis* di presunta superiorità maschile.

Nella famiglia ancestrale il *pater familias* ha un potere assoluto, nella famiglia civile no. Il potere del genitore è limitato, non può fare il despota. Talvolta, in tante storie sentite o lette, sembra che il potere dispotico del padre si trasmetta sui figli: la figlia sposa o si unisce a un uomo prepotente, dispotico come suo padre, oppure il figlio si comporta nella famiglia che poi costruisce alla stregua del padre padrone. È possibile che un comportamento si erediti come nelle spirali del DNA? Oppure deriva dall'imitazione contratta nell'infanzia?! Imitazione che diventa poi abitudine: abitudine alla prepotenza, al linguaggio triviale, al dare la colpa sempre agli altri.

C'è lo sfogo della rabbia, spesso, in chi è violento, una rabbia latente o aperta, che aspetta ogni occasione per rivelarsi, non solo sproloquiando, ma inventando diverse alternative di maggiore violenza, quale quella iniziata anni fa, di lanciare liquido caustico al volto dell'ex compagna, oppure benzina incendiaria, per provocare ustioni. Non riuscendo a usare violenza sessuale, qualcuno per malvagità usa violenza contro l'aspetto estetico della donna. Una mente traviata, non si sa mai quali azioni beffarde possa compiere. La mia amica d'altri tempi, Ila, mi disse anni fa che accompagnava sempre la figlia quando da giovane laureata aveva il compito settimanale di guardia medica in località sconosciute e temeva brutti scherzi; altrettanto hanno fatto molti genitori nelle prime fasi di lavoro dei figli, in posti pericolosi. Anche mia madre mi ha accompagnato, camminando a piedi in strade campestri, nelle mie prime esperienze di maestra in villaggi lontani e poi sempre con me in altri centri dove svolgevo la mia attività d'insegnante di ruolo: ma io ero figlia unica, centro della sua vita, mentre altre mamme non lo potevano fare, avendo una famiglia numerosa a cui badare. Per le ragazze allora, era pericoloso davvero camminare da sole in luoghi isolati, in sentieri campestri, come seppi in seguito quando segnavo 'assente' nel mio registro a tante alunne iscritte e non frequentanti. Una di loro, che avevo già avuta in prima elementare, bella e desiderosa di proseguire nello studio, si era iscritta nella scuola media del paese: doveva percorrere un certo tragitto ogni giorno, da sola, per vicoli campestri. Ma un giorno fu violentata da uno sconosciuto e smise di frequentare la scuola: il suo sogno si concluse nel dramma adolescenziale, non seppi mai lo svolgimento della sua vita posteriore se non che i genitori la chiusero in casa, a svolgere solo attività domestiche.

C'è un altro tipo di violenza che si manifesta secondo altri canoni, per altre vie: non colpisce direttamente singole persone, ma le colpisce attraverso azioni dannose su oggetti, alberi, stabilimenti, ecc. Li chiamiamo atti vandalici, distruzioni rovinose. Ecco, leggevo giorni fa sulla cronaca quotidiana, di una panchina rossa inaugurata nella piazza di un paese per ricordare la giornata del 25 novembre, la Giornata mondiale contro la violenza alle donne, danneggiata, con alcune stecche di legno rotte: non si sa da chi né perché.

Il vandalismo imperante non è una forma di violenza? Anche Dante Alighieri nel suo Inferno aveva pensato a tre forme di violenza: contro se stessi, contro il prossimo, contro natura. Ma per i violenti contro natura non aveva pensato al mondo che ci circonda, agli oggetti, alla campagna, bensì a sodomiti e pedofili. Oggi siamo miliardi di persone, non milioni, come settecento anni fa: siamo aumentati di numero e di problemi, anche di reati. La minaccia non è un avvertimento di violenza, anzi di gradualità nella violenza?! Chi brucia una automobile sembra che dica al suo avversario: non ti accoltello, ti tolgo un bene. Chi taglia gli alberi di un oliveto, si compiace del danno prodotto alla famiglia che vorrebbe morta. Nell'estate appena trascorsa numerosi incendi dolosi hanno distrutto migliaia di ettari di boschi, di terre coltivate nel mio Sud: non è una violenza contro la natura? Per colpire l'umanità, si annientano le fonti di vita. E aumenta pure una specie di psicosi collettiva, la paura di perdere qualcosa, di vedersi danneggiare senza sapere perché, o anche sapendolo, non trovare la soluzione, giacché soluzione non c'è. Il danno spesso è irreparabile. Quanti decenni ci vorranno perché cresca una foresta, perché si ripiantino gli olivi e facciano frutti? Ancora peggio è per chi amareggiato da soprusi e vendette, non resiste alle offese e compie atti estremi. Mi vengono in mente i drammi psichici di soggetti deboli, angustiati da calunnie, da bullismo e cyberbullismo, da disperazione, che non riescono a vincere lo sconforto e si suicidano.

Zero

Lo 'zero' era lo spauracchio delle scuole, quando ero piccola. „Sei uno zero, vali zero", detto a qualcuno, non solo era una frase ingiuriosa, ma ne definiva il grado d'ignoranza e d'incapacità personale. Non ho mai visto questo '0' gigantesco segnato in compiti scolastici né in registri, e nemmeno io l'ho mai usato nella mia carriera d'insegnante, anche perché la legislazione scolastica prevedeva voti soltanto dall'uno al dieci. Ma c'erano insegnanti che ne facevano uso nella valutazione, orale e scritta; mi parlavano addirittura di „zero meno meno" o di „zero tagliato", con una o due linee trasversali sullo zero. Poteva essere un deterrente per gli alunni, uno sprone a superare difficoltosi intoppi iniziali, ma era senz'altro una tortura.

Forse anch'io fui classificata zero dalla mia maestra Vinciguerra in terza elementare, un giorno. Ci assegnò un 'tema' per casa: era la prima volta che affrontavamo questo tipo di compito. Non ricordo se era sulla famiglia o sulla casa. Chiesi aiuto a mio padre, discutemmo un po', mi convinsi delle sue ragioni e scrissi secondo i suoi consigli. Il giorno dopo consegnai il mio compito alla maestra e altrettanto fecero le mie compagne. La sentenza sua colse tutti di sorpresa: ci divise in 'bravi' e 'asini', cambiandoci di posto. L'aula, che era un locale preso in affitto dal Comune, conteneva due file di banchi: io fui messa in quella degli asini, anzi delle asine (era una classe femminile, non mista come quelle odierne), con mia grande vergogna. Rifeci il tema, di testa mia, ma senz'altro con indicazioni più chiare della maestra, credo, e nello stesso giorno lei mi cambiò di fila. Tutto ciò restava nell'ambito della classe; ma era peggio, quando lo 'zero tagliato' diveniva scorno pubblico, quando il povero alunno mal classificato veniva presentato come modello negativo, con le orecchie ricoperte da lunghi fogli colorati di quaderno a simboleggiare quelle d'asino, un altro foglio sul petto come giudizio negativo, e via a essere mostrato in tutte le classi. Ero in prima elementare quando vidi tale scena: eppure si diceva che la maestra era la più preparata e attiva della scuola. I metodi in uso erano quelli della tradizione, la severità era d'obbligo, accanto alle punizioni corporali per i disobbedienti. Il rigore era eccessivo, esigeva sacrificio da parte dei singoli allievi per appropriarsi della dovuta formazione e istruzione, non tutti ci riuscivano.

Ma nella numerazione aritmetica lo zero diveniva qualcosa di fantastico: ti aumentava dieci volte di più un numero, scrivendolo dopo, la moltiplicazione diventava facile, come pure la divisione, togliendo zeri anziché aggiungerli. Peccato che le mille lire con uno zero in più divenivano diecimila, ma solo sulla carta: tuttavia ci fu qualcuno che riuscì, con grande abilità d'imitazione, ad aggiungerlo in qualche vaglia o bollettino postale, come mi venne raccontato da uno a cui l'operazione riuscì... In fondo, che cos'è davvero lo zero?! La cultura araba dell'alto medioevo, diffondendolo, gli conferì una doppia posizione, di aumento e di diminuzione: ma non si aggiunge o si toglie, bensì si moltiplica o si divide. Molto più tardi si passò dalla numerazione romana e dalle tante in uso nella monetazione e nel commercio presso i vari popoli (zecchino, fiorino, ducato, tarì, moggio, cafiso, salma, tumolo, rotolo, ecc.), a quella decimale, basata sul nuovo simbolo zero, che somiglia alla lettera 'O': infatti, non si dice a un incompetente che non sa disegnare uno zero, ma che „non sa fare una 'o' col bicchiere".

Io vedo lo zero come elemento limite, che sta tra il 'più' e il 'meno', come tra cielo e terra, o sopra terra e sotto terra, un qualcosa di reale, ma incalcolabile. È alla base della relatività: è l'elemento di partenza? Mi sembra quasi un punto che tagli una linea, facendone due semirette, entrambe infinite, una a destra e l'altra a sinistra, le quali, entrambe, per essere misurate necessitano di ulteriori elementi di misura. Mi vengono in mente i numeri relativi imparati a scuola: il mio insegnante di allora per farmi intuire il concetto ricorse all'esempio pratico del 'debito/credito': il denaro che possego è di segno 'più', superiore a zero, ma se ho un debito quello è di segno 'meno', quindi inferiore allo zero. Tutto molto semplice, no? Benedetta sia la matematica, amata scienza da me in altri tempi, dove tutto è logico e ugualmente magico, specie quando naviga nelle misurazioni spaziali.

Lo zero ha conquistato la gastronomia: abbiamo subito l'influenza, nell'uso comune, dei prodotti 'sottozero', grazie ai frigoriferi e ai diversi tipi di elettrodomestici, alle misurazioni giornaliere della temperatura. Il nostro zero ha amplificato i suoi usi nel mondo pratico. Il mio primo frigo aveva un piccolo congelatore: forse arrivava a -5°, non so, mi congelava la carne e il gelato, l'ultimo l'ho potuto regolare io a -20°, anche se poi ho preferito -17°.

Numerosi negozi alimentari che vendono prodotti congelati scrivono nell'insegna 'Sottozero'. Lo zero è diventato simpatico e ... nutriente! Non possiamo più fare a meno di tenere nei nostri congelatori numerosi cibi pronti all'uso, ma custoditi 'sottozero'! Dai pesci alla carne, dagli ortaggi ai dolci, abbiamo in casa una riserva di cibi freschi, inimmaginabile fino a un secolo fa, quando solo i prodotti 'secchi' come legumi, cereali, noci, mandorle, castagne ecc. si potevano conservare a lungo.

Che dire della frutta e ortaggi a chilometro zero? km 0! Senza alcun altro numero decimale... non esiste il km 0 se non al punto iniziale: ma è divenuto uno slogan questo semplice motto, quasi un logo di riconoscimento di prodotti maturati nell'orto accanto, per significare l'assenza di intermediari commerciali, poiché la vendita è diretta, dal contadino al consumatore.

Una volta non esistevano i centri commerciali odierni, ma molte botteghe di generi diversi dislocate in vari punti di paesi e città, oltre a fiere in particolari ricorrenze, anche settimanali, e venditori ambulanti. Quando sono arrivata a Siderno, dove vivo tuttora, non compravo a km 0, ma nel vicino mercato coperto, dove parecchi venditori smerciavano direttamente i propri prodotti: latte fresco e ricotta, ortaggi e frutta degli orti di periferia; da anni non ci vado più. Si è molto ridotto, è quasi inesistente rispetto a decenni fa. In compenso, brulicano le vendite di ambulanti, sparsi in vari punti di vie trafficate; accanto ai prodotti locali, vi si possono trovare anche quelli di provenienza 'non a km 0'. Non sono però mai riuscita a comprare il pesce fresco che vendevano i pescatori lungo le strade, tranne che in qualche eccezione: non mi piacciono, credo che s'inquinino coi fumi e la polvere degli automezzi di passaggio.

Il km 0 e il sottozero mi fanno pensare a un nuovo modo di dire, che ho sentito qualche volta: „Vali meno di zero!" Se lo zero è il nulla, il vuoto, secondo la concezione antica, che cosa ci suggerisce tale valutazione? Ha preso il sopravvento la misurazione secondo i numeri relativi? Oppure ampliando l'arco di misurazione, come avviene con la temperatura ad esempio, tra i -273° per i sottozero, a 1000° per il ferro che diventa liquido?

Una volta, quando si usava esporre o pubblicare il risultato di esami particolari in concorsi, scuole, università, lessi i voti di elaborati scritti: punti 20, 27, 19, 15, ma anche -5, -17! Mi meravigliai molto: non era quindi lo zero oppure l'uno il voto più basso nella classificazione scolastica, ma poteva scendere a numeri inferiori allo zero! Tale e quale alla temperatura, con la differenza che il limite promozione/bocciatura non partiva dallo zero, ma da un numero positivo, come ad esempio dal diciotto delle facoltà universitarie.

In seguito vennero vietati diversi tipi di pubblicazione di esito negli esami di Stato e nei concorsi. Ricordo quando ricevetti una lettera ministeriale, in qualità di Presidente di una Commissione agli esami di Maturità: non solo io, ma i Presidenti dell'intera Italia. Mi trovavo al Righi di Reggio Calabria, un Istituto Tecnico Statale per Geometri, con molti candidati, interni ed esterni; gli esterni dovevano affrontare pure delle prove preliminari, oppure non si presentavano. Ebbene, ci venne imposto di non segnare nell'elenco finale i nomi dei 'respinti', ma di preparare un foglio a parte e di dare comunicazione alla famiglia dell'esito negativo. Oggi è tutto online, voti e risultati sono diventati una questione quasi privata, tra insegnanti e famiglia di ogni singolo alunno, nelle scuole pubbliche, ma non universitarie.

Il cammino dello zero, abbandonata la vita scolastica, ha proseguito in altre direzioni. 'Zero calorie!', si legge nella pubblicità di alcune bibite, 'Zero zuccheri', oppure 'Zero glutine' sugli alimenti per i celiaci. Ma ciò mi porta a un altro uso singolare dello zero, che può diventare 'doppio', nella farina! *Farina 0, farina 00*, per distinguerla dalla farina di grano integrale più scura. Lo zero indica assenza di crusca; nei dolci si è sempre preferita la farina doppio zero, bianchissima, ma gli odierni pasticcieri, solleticano il gusto con nuovi prodotti dolciari, tra cui quelli 'integrali', o ai 'cinque cereali', graditi ai miei nipoti.

Da uno zero negativo a uno positivo, da uno zero che incuteva paura a un altro che annuncia benessere: è questo il prodigio del linguaggio che modifica e affina le sue armi sulla scorta di esperienze molteplici. Il dubbio sul valore dello zero permane in me: mi domando: se lo zero è il nulla, cioè il bene inesistente, ciò che è al di sotto dello zero, essendo negativo, può rappresentare una gradualità del male? Chi stabilisce la positività di un'azione umana o naturale? Non sempre gli effetti si misurano subito con esattezza, ma si aspettano le conseguenze, magari dopo anni.

Ringraziamenti

Iniziare percorsi nuovi è sempre aleatorio, induce timori, sollecita energie diverse. Quando Ada Zapperi Zucker, sulla scia del successo di *Due donne del Sud* scritto da entrambe in forma epistolare, mi propose un'attività diversa da condurre possibilmente insieme, su argomenti attuali segnati da lettere dell'alfabeto, sollecitò la mia memoria e mi misi alla prova.

Quaranta anni prima avevo affrontato studi di psico-pedagogia, ragionando su problemi sociali di allora, confluiti nella pubblicazione di "Aspetti e problemi dell'età evolutiva". In seguito mi dedicai alla conoscenza e divulgazione di un filosofo misconosciuto dell'Ottocento, Giuseppe Antonio Albanese. Interpretare la sua opera inedita "Dell'Idea e dell'Essere" mi esercitò ad approfondire temi della filosofia classica accostandoli alle ricerche del presente.

I vari pensieri e le esperienze di una vita, grazie all'idea motivata dall'amica Ada, si formalizzarono a poco a poco nelle voci di un dizionario speciale, in cui si trovano riferimenti a fatti e persone dall'antichità ad oggi, sia importanti che di cronaca, su cui esprimo la mia opinione, che può non avere valore riconosciuto, ma che ha il tocco della sincerità e del vissuto personale.

Ringrazio principalmente Ada che, inoltre, mi ha scritto la Prefazione, cimentandosi per la prima volta in questo genere d'impegno letterario e critico insieme, e poi tante altre persone, citate a volte nel testo che, con i loro scritti e i loro consigli, mi hanno incoraggiato in questo lavoro di espressione mentale per me rischioso, originale, che ritengo una specie di coscienza del tempo, del mondo intorno a me.

Un grato pensiero va alla mia nonna materna, faro di luce della mia adolescenza, raccontatrice affabile per me di storie, che si può vedere nella figura al centro della foto di copertina, allora soltanto una giovane mamma.

Siderno, 4.9.2022

Indice di nomi

D

I

K

L

M

S

T

Pubblicazioni di Maria Caterina Mammola

NARRATIVE:

Due donne del Sud
Divagazioni e reflessioni
(insieme con Ada Zapperi Zucker)
VoG Verlag, 2020

I fenicotteri … non erano color di rosa
Racconti
AGE, Ardore M., 2016

Di fronte, rossi gerani
Racconti
Frama Sud, Chiaravalle C.le, 1983

SILLOGI POETICHE:

A Siderno
satire in rima e in lingua locale
AGE, Ardore M., 2014

Ghirigori di una musa
Poesie
AGE, Ardore M., 2007

Da figlia a madre
Poesie
AGE, Ardore M., 1999

Spazio ai cespugli
Poesie
Centro Studi Medmei, Rosarno, 1992

Ombre dei pensieri
Poesie
Frama Sud, Chiaravalle Centrale, 1979.

SAGGI:

Storia della Baronia di Mammola - Dal XVI al XIX secolo
Promocultura Edizioni, Gerace, 2020

Una vita per il Santuario
Francesco La Rosa 1700/1782
fra documenti e leggenda
Edizioni Nosside, Ardore M., 2018

Un testo di Ildefonso Del Tufo del 1741
Taccuino di Studi calabresi
Corab, Gioiosa Jonica, 2012

Fermento e tormento di vita in Giovanni Pascoli
AGE, Ardore M., 2012

Viaggio nel Dialetto - Parole e sostanza di una lingua
AGE, Ardore M., 2009

Mammola museo all'aperto
AGE, Ardore M.,2009

Giuseppe Antonio Albanese
Filosofo Letterato Patriota Politico
AGE, Ardore M., 2001

Cura e pubblicazione dell'opera inedita di
G. A. Albanese: "Dell'Idea dell'Essere"
AGE, Ardore M., 2001

Aspetti e problemi dell'età evolutiva
Frama Sud, Chiaravalle C.le, 1983

Stampato nel mese di Settembre 2022
BoD, D-22848 Nordstedt